復刻新装版

憲法と君たち

佐藤功

『憲法と君たち』復刻によせて

この本を手に取った皆さんは、なんだか昔の本みたいだな、と思うかもしれません。この本は今から六〇年ほど前、憲法学者である私の父が子ども向けに書いた一冊です。このたび、当時のさし絵もそのままに復刻となりました。

でも、なんだ、そんなに古い本なのかと、投げ出したりしないでくださいね。私は中学生の頃、この本を読みましたが、学校の歴史の授業よりも、ずっとおもしろいと感じました。最近、復刻のために、読み直しましたが、おとなになった今でも、やはり、おもしろく、いろいろと考えさせられました。

この『憲法と君たち』が書かれたのは一九五五年、私が八歳の時です。あの頃は、憲法記念日がとても楽しみでした。父がラジオや新聞に出て、誇らしかったし、出先から帰宅する父は必ず、何かおみやげを買ってきてくれました。母が用意する夕食も、ちらし寿司など、ふだんよりも豪華なものでした。

我が家では五月五日のこどもの日よりも、五月三日の憲法記念日のほうが、大きな意味のある祝日だったのです。

まだ小学生の兄と私は、母といっしょにラジオの前に座り、父の声に耳を傾けました。幼い私に、父の語る内容が理解できるわけもありませんが、日本にはケンポウという立派な法律があり、父は、そのケンポウを勉強しているのだということはわかっていました。

執筆当時の父・功、兄・章夫、筆者

よく、「子どもは親の背中を見て育つ」といいますが、私は父の書斎の明かりを見て育ちました。夜中にトイレに起きても、書斎のドアの下からは、一筋の、黄色い明かりがもれていました。

さっき、ラジオといいましたが、この本が書かれた当時、テレビのある家は、まだまだ少なかったのです。大相撲やプロ野球を見ようと、テレビの置かれた電器屋さんの前に、黒山の人だかりができたものです。

けれども、今とくらべて、四季の変化はあざやかで、私達一家が住む東京の街にも、子どもが自由に遊べる原っぱや、雑木林がありました。子どもを見守る近所の人の目はあたたかく、子どもも、おとなも明るい、より豊かな未来を信じて、生きていたような気がします。

この本の中で、子ども達に語りかける父の声も明るく、希望に満ちています。いつか復刻を、と願っていた本書が、こうして皆さんの手に届くことになりました。父の明るい、希望に満ちた声が、現代の子どもからおとなまで、おおぜいの人の心に響きますように、と願っています。

最後になりましたが、復刻に尽力くださった時事通信出版局の皆様、素晴らしい解説を寄せてくださった木村草太氏に、心より感謝いたします。

二〇一六年一〇月

さとうまきこ（児童文学作家）

もくじ

装丁　グラム
企画協力　企画のたまご屋さん

編集に当たって

(1) 本書の底本には『憲法と君たち』(牧書店、一九五五年)を使用しました。

(2) 本書には、現代では分かりにくい言葉や、不適切と思われる表現がありますが、時代背景や作者の意図、作品の価値を考慮し、すべて原文のまま掲載しました。これらの言葉や表現には、必要に応じて「注」を付けてあります。

(3) 原文にある明らかな誤植や、事実関係の誤りは訂正しました。

(4) 漢字と平仮名の使い分けは原則として原文の通りとし、送り仮名は一部付け加えました。

(編集部)

憲法と君たち

憲法が君たちを守る。君たちが憲法を守る。
かれらはたのしく、明るい。それは、自分の思うままに自由だからだ。しかしそれだけではない。友だちと同じ一本の大木にのっかることができたからだ。

民主主義が地球をおおえば、一国においては、国民がたがいにおかしあうことなく、真に自由となり、世界の国ぐには、この国旗のように、あらそうことなく、それぞれの独立をたもっていくことができる。

もくじ　憲法と君たち

さしえ　須田　寿

この本を読む君たちに

この本は、憲法のことを書いた本です。憲法のことなんかむずかしいし、おもしろくもないだろうなどと、はじめからきめてしまわないで、ひとつ読みだしてみてください。中学校の二年か三年のひとなら、たぶんそんなにむずかしくはないと思います。小学校の六年ぐらいのひとでも、わかりにくいところは、おとうさんなり、先生なりにきくことにすれば、たぶんよくわかると思います。

この本に書いてあることは、憲法とはどういうものだろう、それはどういうふうにして発達してきたものだろう、日本の今の憲法はどういうことを定めているだろう、そして、なぜわたしたちは憲法を大事に守らなければならないのだろう、というようなことです。

君たちはまだ少年少女だから、憲法の定めているいろいろのことがらを、何から何まで、くわしく知っている必要はありません。しかし、いったいなぜすべての国ぐにに憲法というものがあるのか、そしてそれらの国ぐにが憲法をもつようになったのには、どういう歴史があるのだろうというようなことを考え、そしてなぜ憲法は守られなければならないのかということを知ることが、何よりも大事なことなのです。

それぞれの国の憲法は、その国の国民がどのような理想を目ざしているかをあらわしたものだということができます。日本にもりっぱな憲法があります。それはほかの国ぐにの憲法にくらべてもわたしたちがほこってもよいりっぱな憲法です。君たちも、今にどんどん大きくなって、君たちの国、この日本をせおって立たなければならないのです。だから、日本の憲法がどんな憲法なのか、そしてそれを守るためにはどうすればいいのかということを、君たちにも今から知っていてほしいと思います。

わたしはこんなふうに考えて、君たちのひとりびとりにお話をするつもりでこの本を書きました。君たちもそのつもりで、この本を読んでください。そして、なるほど憲法というものは大事なものなのだ、もっとくわしく憲法のことを知りたいという気もちになったなら、先生やおとうさんなどにうかがって、もっと別の憲法についての本を読んだり、人間の歴史のことを書いた本を調べたりして、勉強をしてほしいと思います。

昭和三〇年四月

佐藤《さとう》　功《いさお》

一　はじめに
——憲法と君たち

1　憲法ということば

君たちは「憲法」ということばを知っているかしら。「憲法」――この字は「けんぽう」と読む。この字を新聞で見たひともいるだろう。このことばをラジオで聞いたひともいるだろう。日本には憲法というものがある。しかし憲法は日本だけにあるものではない。アメリカ、イギリス、フランス、ソビエト[注1]などの、今の世界のどの国にもあるものだ。おとなりの中国にも、去年[注2]の九月に新しい憲法ができた。ひとつその憲法のお話をしてみよう。マンガや小説のようにおもしろくはないかもしれないが、たいせつなことだから少しがまんをして聞いてくれたまえ。

憲法とは何かといえば、かんたんに言うと、国の政治の規則、つまりルールだ。ど

注1　ソビエト連邦（ソ連）のこと。一九九一年に解体し、現在のロシア連邦などの国々に分かれた。
注2　この本が書かれた一九五五年から見て去年。一九五四年のこと。

んな国にも、政治がおこなわれている。その政治がどのようにして、どんなしくみでおこなわれるのか、そのルールをきめているのが憲法だ。それだけじゃない。憲法というのは、その政治がどんな目的のためにおこなわれるのか、その政治をするひとびとは、どういうことを考えて政治をしなければならないのか、それから、その国のひとびとは、どういう理想を持って、その国を育てて行かなければならないのか、そういうようなこともきめているものだ。つまり、大きく言うと、ある国がどんな国であるのかをきめたのが憲法だということができる。

少し字の説明をしてみようか。古い字典を引いてみると「憲は懸なり」というふうに書いてあることがある。「懸」という字は君たちも知っているだろうな。この字はむずかしい字だけれど、「懸垂《けんすい》」ということばは君たちたぶん知っているだろう。器械体操で、高いところに足をかけて、くるっとひっくりかえる体操があるだろう。あれが懸垂だ。[注3] つまり、「懸」という字には高いところにぶらさがるとか、高いところにものをかけるとかいう意味があるわけだ。「憲は懸なり」というのは、だから憲法というものは高いところにかけて、ひとに見せる法だという意味だということがわかるだろう。

もう一つ字の説明をしよう。「憲」の字は「のり」と読む。君たちの中で憲雄《のりお》君という名まえのひとはいないかしら。「のり」というのは規則とか、掟《おきて》とかいうことばだ。規夫《のりお》君とか、則子《のりこ》ちゃんとかいう名まえのひとは君たちの中にいないかな。「憲」も、「規」も、「則」もみんな「のり」と読む。つまり、憲法というのは規則のことだ。だから、こういうことになる。憲法というのは、高いところにかけて国民に見せるというような規則、そしてそれを見た国民がそれにしたがう大事な規則だというわけだ。

2　憲法は君たちのまわりにある

ところで、そういう憲法を君たちは見たことがあるかしら。憲法というのはそういう大事な規則なんだけれども、第一条から第二条、第三条と始まって、百条にもなる

注3　本来は、鉄棒にぶら下がり、腕などの力で体を引き上げる運動が懸垂。

憲法は君たちのまわりにある

ような長いものだ。日本の憲法は全部で百三条ある。

君たちはこの日本の憲法を見たことがあるかしら。中学校の三年くらいになると、社会科の教科書の中に、この日本の憲法の条文が出てくることがある。小学校の五年や六年の君たちは、まだたぶん見たことがないだろうな。見たことがなくてもけっこう。今あわてて、それをさがしてみる必要はない。

とにかく憲法には、いろいろむずかしいことが書いてある。その憲法を専門に勉強する憲法学という学問もあるくらいだ。君たちのおにいさんや、おねえさんで、大学に行っているひとの中には、きっと大学で憲法学を勉強しているひとが多いはずだ。さっきも言ったように、君たちも中学校の三年くらいになれば、社会科で憲法のくわしいなかみにはいって勉強するようにもなる。

なんども言うようだけれども、憲法に書いてあることはなかなかむずかしい。さっき言ったように政治のルールだから、たとえば国会や、内閣や、裁判所《さいばんしょ》というような政治のためのいろいろの機関のしくみや仕事をきめている。また市町村や府県というような地方自治団体のしくみや仕事についてもきめている。それから国民の持っている権利《けんり》や義務のことも、こまかくきめている。

そして国の政治をおこなうひとびと、たとえば大臣や代議士や公務員、それから知事や市長、それに裁判官など、こういうひとたちは、憲法にきめてあることに従って仕事をしなければならないというわけだ。別のことばで言うと、国の政治が憲法にきめてあることに従っておこなわれなければならない。そして国の政治というのは、その国をりっぱな国に育てるためのものなのだから、憲法には、その国が目ざしている目的や理想もきめている。はじめに憲法とは国の政治のルールだと言ったのは、そういう意味なのだ。

こういうと君たちの中には、こんなことを言うひとがいるかも知れないな。

「なんだ、そうか。それなら憲法はぼくたちには関係がないじゃないか。憲法は大臣や、代議士や、裁判官や、憲法学者でなければ必要じゃないんだ。」

あるいはこんなことを言うひともいるかも知れないな。

「憲法って、あたしたちのおとうさんくらいになってから必要になるものなのだわ。」

だけど、そうじゃない。憲法は君たちにもたいせつなものなのだ。また憲法は、ほんとうは君たちのまわりにあるものなのだ。なぜだろう。そのことをまず考えてみよう。


なんども言うように、憲法というのは国の政治の規則だ。国は動いている。生きている犬や、ネコや、人間のような動物ではないけれども、国というものはいつでも活動している。君たちが寝ているときでも国は働いているのだよ。なんのために国はそんなに働いているのだろう。

君たちや、君たちのおとうさんや、おかあさんや、きょうだいや、それから親類やおとなりのおうちのひとや、遠くにいる友だちや、こういうたくさんのひとびと、これらの国民が日本という国を作っている。日本という国は、こういうたくさんの国民が、安心して、楽しくくらしていけるように、いろいろの働きをするのだし、また、しているのだ。そのために、いろいろのしくみができており、いろいろの仕事をするひとびとや、役所や、公務員ができている。

つまり、日本という国は、こういうたくさんのひとびとが集まった一つの社会であって、その仕事は、君たちをもふくめた、こういうたくさんのひとたちのために活動するということにある。そして、その活動のしくみや方針《ほうしん》をきめたのが、憲法という規則なのだ。

なぜこんなことをわたしが言ったのか、君たちにはわかるかしら。わたしがこういうことを言ったのは、こう言えば君たちは、こういう規則は国という社会だけにあるのではないということに気づくだろうと思ったからなんだよ。もっとわかりやすく言おうか。

君たちが今かよっている学校には校則があるだろう。つまり、一学期は何月何日に始まって、何月何日に終わるとか、夏休みは何月何日から何月何日までだとか、毎日

給食の時間もきまりだ

の授業は八時半から始まるとかいうようなことを校則がきめている。また生徒会にも規則があるだろう。生徒会にはどういう役目の委員があるか、そして、そういう委員はどういうふうにして選ばれるかというようなことをきめているだろう。また図書館にも規則があるはずだ。毎朝九時から開くとか、本を借出しする場あいには、ひとり三冊しか借出せないとか、いろいろなことをきめているだろう。

それから、君たちのおうちにもなにかの規則がないかしら。君たちのおうちの規則は、校則や、生徒会の規則や、図書館の規則のように、ちゃんと字に書かれてはいないかも知れないけれども、しかし何かしらおうちのことがきめられてはいないかしら。たとえば君たちは朝起きたら、げんかんから新聞を持ってくるとか、おねえさんは、おかあさんが朝ごはんのしたくをしているあいだに、おうちのまわりのおそうじをしなければならないとか、こういうようなことが紙に書いてはないかも知れないけれども、おうちのみんなが守らなければならない規則としてあるのじゃないかしら。

こういう規則がどれも憲法なのだ。日本の国の憲法とはちがうけれども、それは小さい憲法だ。つまり、君たちが学校や、生徒会や、おうちで生活をしていくときに、それに従わなければならない、そして、たいせつに守っていかなければならないというもの、これらも小さい憲法なのだよ。どんな小さな社会にも規則がある。その社会が、日本なら日本、アメリカならアメリカというような国という大きな社会になったとき、その規則を憲法というのだ。つまり君たちは、国の憲法のことは知らないかも知れないし、また直接は関係がないかも知れない。だけど君たちは毎日、小さい憲法の中ではくらしているのだ。そして、これ

らの小さい憲法は、どれもこれもみんな君たちのためのもの、君たちがりっぱに、幸福に成長するためにつくられているものなのだ。

　国の憲法というものも、日本のすべての国民のためのもの、日本のすべての国民の成長のためのものなのだ。小さい憲法をたいせつにしないようなひとは、国の憲法をもたいせつにはしないだろう。日本の国の憲法は守らなければならない。このことはあとで話すけれども、そのりくつは君たちがいろいろの小さい憲法を守らなければならないということと同じことなのだ。

　わかっただろうね、君たちのまわりに憲法があるということが。さあ、そこでもっと憲法というものを考えてみよう。

二　憲法とはなんだろう

1　人間の社会と憲法

君たちはロビンソン・クルーソーの話を知っているだろう。あれはとてもおもしろい話だね。わたしも子どものときに、ちょうど君たちと同じころにあの本をなんども、なんども読んだおぼえがある。ロビンソン・クルーソーという船乗りが、大海のまん中で嵐《あらし》のために船が沈んでしまって、ひとのひとりもいない小島に流れついた。そこでかれが何年もの間、たったひとりでくらしていく話だ。その何年もの間、ロビンソン・クルーソーは、いつもたったひとりだった。おとなりのひともいなければ、お友だちもいない。そういうたったひとりの生活をしながら、いろいろくふうをして、小屋を作ったり、食べ物を作ったり、お魚をとったりして、いろいろな苦労をしながら、くらしていくおもしろい話だね。

なぜわたしが、ここでロビンソン・クルーソーの話などを持ち出したのかというと、そこには社会というものがなかったということを言いたいのだ。かれひとりの生活

だったから、かれは好きなときに何をしてもよかった。朝起きたいときに目をさまし、働きたいときに働き、食べたいときにものを食べ、ねむたいときに寝る。夜ふと目をさまして空を見ると、きれいなお月様が出ており、海の波の音がきこえてくる。そういうときに砂浜に出て、大きな声でおぼえていた歌をうたっても、だれもなんとも言いはしない。それは、そこには社会がなかったからだ。

つまり、これは話はちがうけれども、その小島に流れて来たのが、かれひとりじゃなくって、ふたりだったとしたらどうだろう。すると、そこには社会ができる。そしてそうなればロビンソン・クルーソーは、好きなときに何をしてもいいというわけにはいかなくなる。たとえば仕事の分たんをきめるだろう。ひとりは魚つりに行き、ひとりは木を切りに行く。またば、ひとりは畑をたがやし、ひとりはとれた野菜をたくわえていくというふうに、仕事の分たんがきまる。そしてそれぞれ、その仕事について責任を持つようになる。そこにたったひとりの生活ではなくて、共同生活というものができるのだ。それが社会というものなのだ。

つまり社会というのは、ふたり以上の人間が共同の目的のために、力を合わせてくらしていくというところに生まれるものなのだ。そしてそういう社会があるところには、その社会のことをきめる規則がつくられる。仕事の割りふりや責任をきめるのがその規則だ。「社会あれば法あり」という古くからのことばは、こういうことを言っているのだよ。

ロビンソン・クルーソーの話は少しおとぎ話すぎるから、君たちの生活に関係のあることを話そうか。

君たちは野球が好きだろう。毎日学校でやって

スポーツも決まりを守る

いるんじゃないか。野球にはルールがある。バッター順がきまる。三番バッターが、ぼくはよく当たるからと言って、なんどもなんどもバッター・ボックスにはいっちゃいけないね。守備のポジションがきまり、かってにそのポジションを変えてはいけない。三べんから振りをすれば三振でアウトになるし、打った球がラインの外に出ればファールになる。こういうような野球のルールがあるね。こういうルールがなければ野球はできやしない。

つまり野球というのは、九人と九人、合わせて一八人の君たちが勝負をするという共同の目的のために作った社会だとも言えるのだよ。そしてその共同の目的をなしとげるために、野球のルールという規則ができている。このように人間はみんな、ひとりで生活をしているのではなくて、かならずたくさん集まって共同の生活をしている。そしてその力を合わせて、その共同の目的をなしとげようとする。こういう社会生活をするというところに、人間がほかの動物とちがうところがあるのだ。

こう言うと、君たちはこう言うかも知れないな。

「アリだって、オットセイだって、たくさん集まって共同の生活をしているじゃないか。」

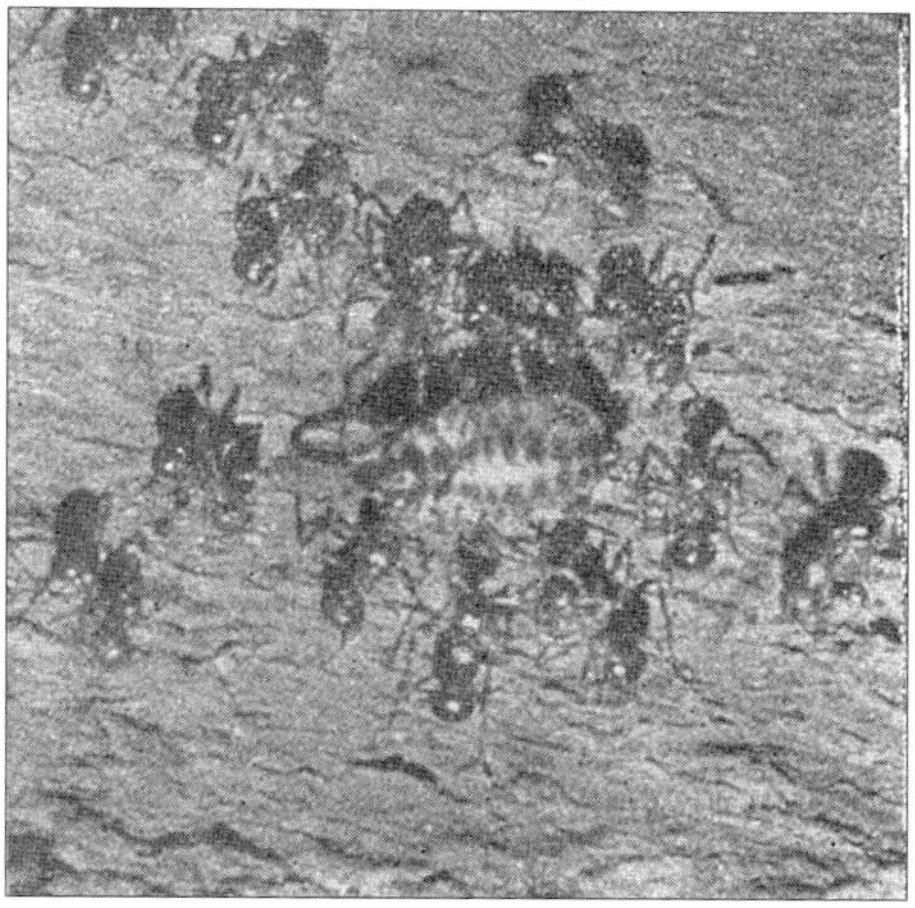

アリの生活

だけどそれはちがうのだよ。アリとかオットセイとかミツバチとかは、なるほど集まって生活をしているけれども、それは本能《ほんのう》にもとづいてやっているのだ。ところが人間は本能で社会生活をするのではなくて、なんども言ったように、共同の目的のためには、どうすれば一番よいかということをくふうして、社会生活をやっている。そこが、ほかの動物と人間がちがうところなんだ。

また少し話が古くなるけれども、中国のずっとむかしに荀子《じゅんし》というひとがいて、そのひとがこういうことを書いている。その書いたままの文章ではむずかしいから、それをわかりやすく書きなおしてみると、こういうことになる。

「力は牛におよばない。走ることは馬にかなわない。それなのに人間が牛や馬を使うのはなぜだろう。人間は共同生活をすることができるのに、牛や馬はそれができないからだ。人間は何によって共同生活ができるのか。それぞれ仕事が分かれているからだ。それぞれ仕事が分かれているのはなぜだろう。それぞれ仕事に責任を持つことができるからだ。それぞれ責任を持って仕事を分けてやれば、力を合わせることができる。力を合わせることができれば多くの人間が一つになる。一つになればその力が強くなる。強ければ牛や馬に勝つのだ。」

このことばは、ずいぶん前に書かれたことばだけれども、とてもいいことが書いてあると君たちは思わないか。つまり人間は社会を作ることができるから強いのだというわけだ。そしてその社会を作る場あいに、その社会の秩序《ちつじょ》を守り、その目的をきめる。仕事の割りふりを定め、そのためにいろいろの役わりをきめることが必要になってくる。そういうことをきめるのが規則なのだ。

ところが人間の社会は、ずっと大むかしは非常にかんたんなものだったけれども、人間の発達、進歩とともに、その社会がだんだんにややこしく、大きなものとなってくる。社会を作っている人間の数が多くなり、それにつれて仕事の割りふりがややこしくなってくる。またその社会の目的がいろいろにふえてくる。そこで、その社会の規則もだんだんに数が多くなるし、そしてまた、いろいろたくさんなことをきめなければならなくなってくる。つまり人間の発達のていどに応じて社会の規則がややこし

人類の発達と共に規則もややこしくなる

くなってくるということになる。

ところが、そのような複雑な社会の規則が、こんぐらがってしまってはなんにもならない。君たちはクモの巣を見たことがあるだろう。クモの巣はたくさんの糸で作られているけれども、あの糸がこんぐらがらなくて、もつれないで、あんなにきれいなクモの巣ができている。人間の社会の規則というものも、あのクモの巣のように、みごとに、うまく体系ができていなければならない。

そのためには、それらのたくさんのややこしい規則のそのまた規則が必要だということになる。つまり一番もとになる規則、一番上にある規則、その規則には、ほかの下の規則はそむいてはならない、そういう規則がなければならなくなってくる。このりくつは君たちにもわかるね。

たとえば君たちの学校で言えば、校則が一番もとになる規則だ。君たちのクラスの規則で、このごろは寒いから朝九時から授業を始めることにしようときめたとしても、もし学校の校則で毎朝八時半から授業が始まるということがきめてあるとすると、そのクラスの規則は校則に反するということになる。そういう規則は作れないということになるね。こういうように、人間の社会のいろいろの規則のそのまた規則、それが憲法だ。

2　憲法のはじまり

国家という社会ができたときに同時に憲法ができたということを、今までの話で君たちもわかっただろうね。人間の歴史はとても長い。考古学《こうこがく》という学問によると、人間がこの地球にあらわれたのは、百万年も前[注4]のことだということだ。だけど、そんな大むかしのことはここでは問題にしなくてもよい。

人間がその後だんだんに発達をして、国家を作るようになったのは、今からだいたい五千年ほど前のことだということになっている。そういう国家で一番はじめのものはエジプトのナイル川のほとりや、アッシリアや、バビロニアや、中国の黄河のほと

注4　現在では、約六百万〜七百万年前とされている。

万里の長城

りの国だったということだ。

ところでエジプトというと君たちは知っているだろう。あの大きなピラミッド。中国といえば君たちも知っているだろう。あの万里の長城といわれる長い長いお城。こういうピラミッドや万里の長城は、今の機械で作るのも、なかなかたいへんなものなのに、そのころのひとびとは、それをどうやって作ったのだろう。それは人間の力だけで作った。そのためには何万人、何十万人というドレイが使われた。つまりエジプトの文化はそういうドレイの上にできた文化だったのだ。

これらの古代の国家の政治を専制政治《せんせいせいじ》というのだが、それはこのようなドレイの制度と関係がある。つまり非常に強い権力を持っている支配者《しはいしゃ》があって、その支配者の下に多くの人間がドレイとなって働かせられていた。全部の人間がドレイであったわけではないけれども、ドレイでないひとびとも、その支配者たちの言うままになっていたという点では、じつはドレイと同じだったとも言えるのだ。

こういう専制政治の国での憲法は、どんなものだったろう。かんたんに言うと、その支配者がきめることが憲法だった。それはかれの考え一つでどうにでもなった。つまり、かれによって支配される人間のことはどうでもよかった。かれらはただ、その支配者がかってにきめる憲法に従ってだけいればよい。その支配者が戦争を始めようときめれば、ひとびとは戦争にかりたてられた。その支配者がぜいたくをして、りっぱな王宮を作ろうときめれば、多くのひとびとがそのために必要な税を取られ、多くのドレイが大きな石を運ばなければならなかった。その支配者が自分のお墓をりっぱに作ろうと思ったときに、何万、何十万のドレイが、牛や馬のように働かされたのが、あのピラミッドとしてでき上がったものだったのだ。つまりそういう国では、人間のひ

ピラミッドもドレイのぎせいでできた

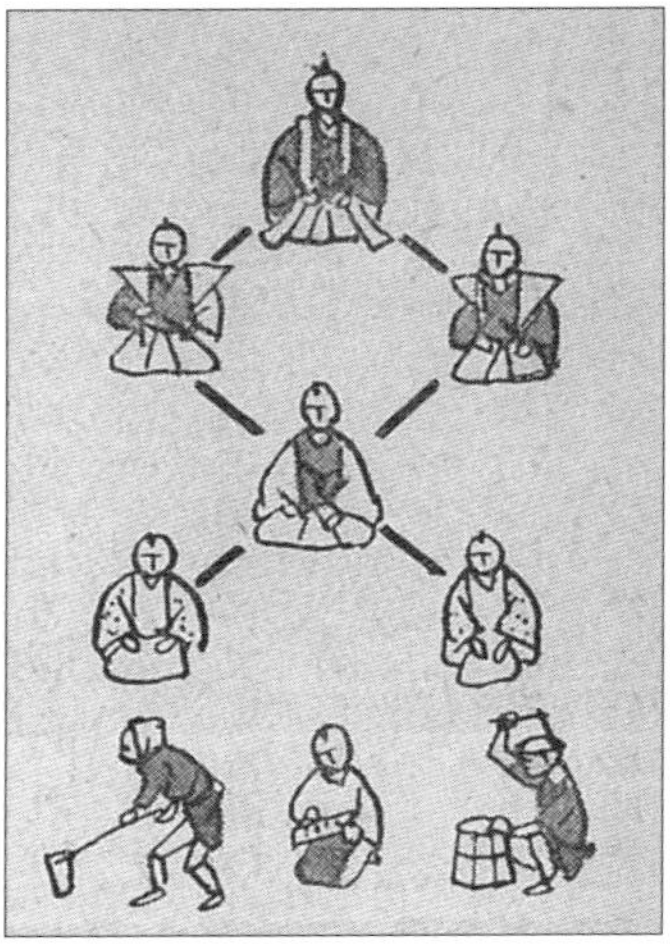
江戸時代の身分制度

とりひとりの尊さというものは、なにも考えられていなかった。

このような大むかしから、そののち国家はだんだんに発達してきた。だけど、今まで話してきたような専制政治は、なかなかなくならなかった。君たちは歴史で習ったかしら、ギリシア、ローマの時代のこと。ギリシァではソクラテスや、プラトンのようなりっぱな哲学者《てつがくしゃ》や、またりっぱな芸術家がたくさんあらわれた。ギリシァの文化は非常に高かった。だけど、そのギリシァも、やはりドレイを持っていた。

そののち時代が進んで、中世という封建国家の時代になってくる。日本でいえば、明治維新の前の徳川時代がこの封建時代にあたるわけだ。そこには領主や、との様がいて、百姓から年貢《ねんぐ》を取りたてた。そこではとの様、さむらい、百姓というような身分の区別がはっきりと立てられていて、百姓やそれ以下の身分のひとびとは、ただ、

農民と武士

との様やさむらいの言うがままになっていた。その時代の政治はそういう領主や、との様の専制政治だったのだ。

「民はよらしむべし、知らしむべからず。」ということばがあるのを君たちは知っているかしら。人民というものは、ただ従わさせていればいいのだ。政治のことなどは知らせてはいけないのだという意味だ。君たちは徳川家康《とくがわいえやす》というひとのことを知っているだろう。徳川幕府のはじめをきずいたひとだが、その家康が言ったことばとして「百姓は死なぬよう、生きぬよう、年貢を申しつけろ。」ということばが伝わっている。百姓はころしてはいけない、働かせて年貢をおさめさせるには、生かしておかなくっちゃいけない、つまり、どうやら生きていさえすればいいのだ、というわけだ。ずいぶんひどい話だと君たちは思わないか。

こういう封建時代は、そののちさらに発てんする。

つまり、こういう封建時代の国は、たくさんの領主やとの様の国に分かれていたということができる。そして、それらの領主やとの様の中で一番強いのが、ほかの弱いのを征服して、一つの国を作るようになってきた。そこに、歴史で言うと一六世紀、一七世紀あたりに、近代の専制国家というものがあらわれてくるのだ。このような時代になっても、しかし、さっき話したような専制政治は変わりはしない。そのことをつぎに話そうか。

3　人民のための憲法のたんじょう

今まで話してきたことは、むかしの専制政治の国にも憲法があったということだった。だけど、それはじつは憲法があったとは言えないということでもあった。このことは大事なことだから、よく聞いてくれたまえ。

専制政治の国の憲法は、自分かってな支配者がどうにでもできる憲法だった。たとえば、こういうことを考えれば、そのりくつはよくわかるだろう。君たちのクラスの規則があるとする。ところが君たちのなかまの中に、だれかひとり、ものすごく腕力《わんりょく》の強い、いばっているやつがいるとする。そして、そいつがこう言ったとする。

「おれが規則を作ったぞ。これに従え。」

また、こう言ったとする。

「今度はこう変えたぞ。これに従え。」

最後にこう言ったとする。

「めんどくさいから規則はもうやめた。」

もしこれがほんとうだったとすれば、こういうのは君たちのクラスの規則だとは言えないね。なぜ言えないか。つまりクラスのみんなの意見をかえりみないで、みんなの値うちをみとめずに、その腕力の強いやつひとりだけで、どうにでもなる規則だからだ。その腕力の強いやつひとりだけの値うちをみとめているからだ。規則というのはそういうものじゃない。みんなの考えで、みんなの幸福のために規則を作る。それがほんとうの社会の規則だ。

だから憲法というものは専制政治の国にもあったけれど、ほんとうの憲法は専制政治に反対して、人間の値うち、人間の尊さをひとびとが考えたときに生まれる。人間の値うち、人間の尊さというのは、もっとわかりやすく言えば、人間の生命・財産《ざいさん》・幸福ということだと言ってもいい。どんな人間の生命でも、財産でも、幸福でも、それが第一のもの、尊いもので、国家というものは、このような人間の生命や、財産や、幸福を守るためのものだ。それらのものを守るために人間が作ったものなのだ。

そして、そのように人間の値うち、尊さが守られるためには、政治がおこなわれる場あいに、どうしても従わなければならない規則があり、どんな支配者もそれには従わなければならないのだ、という考えが、だんだんに生まれるようになってきた。そしてそういう規則が、ほんとうの憲法なのだ。人民のための憲法が生まれるというのはこのことを言っているのだよ。

こう言うと君たちは、こんなふうに言うかも知れないな。

「そのような専制政治の時代のとの様や王様だって、どれもこれも悪いとの様や王様だったわけではないじゃないか。つまり人民のことを考えないらんぼうな、むごい政治をやるとの、様や王様ばかりじゃなかったんじゃないか。」

これはいい質問だ。まったくそのとおりだ。この時代の世界のとの、様や王様が、みんな悪いひとたちばかりだったわけじゃない。中にはひどい王様もいた。君たちも知っているだろう。むかし、ローマにネロという皇帝《こうてい》がいた。このネロは悪い王様の代表としていつもあげられるけれども、キリスト教を信ずるひとびとが自分をほろぼそうとしていると考えて、キリスト教信者たちをつかまえて、それを

キリスト教徒はコロシュームへつれて来られライオンとたたかわされた

コロシューム

コロシュームという競技場の中につれて来てライオンに食べさせ、それを喜んで見たり、また山の上にある王宮の中で宴会《えんかい》を開きながら、ローマの町に火をつけ、えんえんともえ上がるローマの町を見おろして、それをごちそうにしてお酒を飲んだというようなことが伝えられている。

フリードリッヒ

また、むかしの中国にも、ずいぶんざんこくなことをした悪い王様がいたことも君たちは知っているだろう。だけど、こういう悪い王様ばかりじゃない。人民の幸福を望み、できるだけ人民のためになる政治をしようとした王様もあった。たとえば一八世紀ごろのドイツのフリードリッヒ大王という王様は、「自分は人民の第一のしもべである。」と言った。つまり、ほかのだれよりも王様は、人民のしあわせのためにつとめなければならないものだという意味だ。そしてフリードリッヒ大王はそういう政治をしたと言われている。

だけど君たち、ここで考えてごらん。なるほどフリードリッヒ大王が生きている間はそれでよかったかも知れない。だけど、かりにある晩、このフリードリッヒ大王が何かのはずみで急病になって、死んでしまったらどうなるだろう。そのときには、その次の朝からは人民の幸福はたもたれなくなってくるわけだね。

もう一つ有名な話がある。君たちは徳川光圀《みつくに》というひとを知っているか。別の名前を水戸黄門《みとこうもん》という。雑誌や映画で水戸黄門漫遊記というようなものを見たことはないかしら。水戸黄門というのは白いあごひげをはやしたおじいさんだけれど、徳川時代の水戸藩《みとはん》のとの様で、それが隠居《いんきょ》をして、助さん、格さんというふたりのおつきをつれて日本中をまわったおもしろい話だね。たいへんえらいひとだったので、江戸の徳川将軍も、この水戸光圀には頭があがらなかった。そこで、このおじいさんは日本中をまわって歩いて、悪い役人をこらしめたり、正直でよく働くのに悪い人にいじめられているひとびとを助けたりして歩いたわけだ。悪い役人が大いばりにいばって、正直な人民を苦しめているところに、この白いあごひげのおじいさんがやって来て、それをやりこめるというような、たくさんのおもしろい事件が起きるわけだ。わたしも小さなときに喜んで読んだおもしろい話だ。

ところが、ここでも君たち考えてごらん。なるほど、このおじいさんはいいひとだったし、そして、このおじいさんによって人民のしあわせが守られたことはたしかだ。だけど、それはちょうど、そのおじいさんが歩いた道すじに起きたできごとだけなのだ。つまり、このおじいさんが朝に宿屋で目をさまして、きょうはあっちの方に行ってみようと考えて出かけたとする。すると、そのおじいさんの歩いた道すじで、たまたま悪い役人が正直な人民をいじめていたとすると、その人民は助けられる。ところが、このおじいさんが宿屋を出て、ちょっと気がかわって行先を変えたとすると、行先を変えなかったとしたら救われたひとは、今度は救われないことになってしまう。このりくつは君たちにもわかるね。

つまり、こういうことだ。フリードリッヒ大王や水戸黄門が人民の幸福を守ろうとしたということ、また、あるていどでは守ったということはたしかだけれど、それはほんとうにぐうぜんのことだということだ。フリードリッヒ大王が死んでしまったら、なんにもならなくなるし、水戸黄門がちょっと気がかわって道を変えたら、なんにもならなくなってしまう。そういうことでは、ほんとうは人民の幸福が守られたということにはなりはしない。

つまり大事なことは、こういうことだ。どんな王様があらわれても、つまり、どんな悪い王様があらわれても、どんないい王様があらわれても、そしてまた、その王様がなにも国中を歩いたりなんかしなくても、いつでも人民の、すべての人民の幸福が守られていなければならないということだ。

そのためには、どういうことが必要だろう。人民はすべて、どんなひとでも、金もちでも、貧乏人でも、身分の高いひとでも、身分の低いひとでも、どんなひとでも生まれたときからひとりの人間として、その幸福を守られる権利《けんり》を持っているということが、はっきりきめられていなければならない。そして、そういうすべてのひとの幸福を、国の政治はそこなってはならないということが、はっきりときめられていなければならないことになる。

それをほかのことばで言うと、ひとは生まれたときから自由であり、平等だということになる。あるいは、ひとは生まれたときから、どんな強い権力でも、うばったり、おかしたりすることができない権利、値うちというものを持っているということにもなる。基本的人権《きほんてきじんけん》ということばを君たちは知らないか。それはこのことを言っているのだ。

それと、もう一つ。そういう基本的人権が守られるような政治をするためには、王様やごくかぎられたひとびとだけが政治をするというのではなくて、すべての人民が代表をえらんで、政治に参加するということがきめられていなければならない。君たちは民主主義ということばを知ってるだろう。それはこのことを言っているのだ。

だから、基本的人権と民主主義という二つは、古い専制政治に反対する大きな考え方なのだ。国の政治がこの二つの考え方を土台にしておこなわれなければならないという考え方が、だんだんに生まれるようになってきた。そして、そのことを一つの大きな規則としてきめておかなければならないというふうになってきた。それがほんとうの憲法、人民のための憲法のたんじょうなのだ。

今まで話してきたような考え方が一番早く生まれ、そしてしっかりしたものになってきたのはイギリスだ。少し歴史の話をすると、中世の時代に、ヨーロッパの国ぐにに等族会議という名まえの会議がもうけられた。これが今日、世界のどの国ぐににもある議会の始まりだといわれている。いわば議会の先祖なわけだ。等族会議というのはそのころの貴族、僧侶《そうりょ》、それから都市の市民という三つの身分のひとびとの代表者たちの集まりだった。貴族というのは王様に近い、高い家がらのひとであり、政治の上に強い力を持っていた。僧侶つまり教会の坊さんがこの会議に出ていたのは、中世ではキリスト教の力が非常に強くて、しかもただ宗教の上で力を持っていただけではなく、政治のうえにも大きな力を持っていたためだった。それから、そのころにはだんだんに商業や工業が発達して、都市の力も強くなりかけていたので、その代表者もこの会議に出ることになっていたのだった。これら三つの身分のひとびとの代表者からなり立っ

ヨーロッパの等族会議

大憲章

たこの等族会議は、主としては王様から取り立てられる税金のことなどを相談したのだが、そのほかのことがらについても、王様からの相談をうけるようにもなった。しかしその後、前にのべたように王様の権力がだんだんに強くなり、専制政治の時代になってくると、王様はもういちいち等族会議に相談をするというようなことがなくなってしまい、その結果、ヨーロッパの国ぐにでは等族会議はほとんど開かれもせず、ほとんどなくなったと同じようなぐあいになってしまった。

ところが、イギリスだけでは、この等族会議がなくならず、だんだんにしっかりしたものに育ってきた。つまりイギリスでは、王様がむりな政治をするというのではなくて、できるだけいろいろの身分のひとびとの意見をきいて、政治をやっていこうという行きかたがとられたともいえるわけだ。そして、それにともなって、等族会議には、だんだんに貴族・僧侶・都市だけでなく、イギリスのあらゆる社会の代表者が出席するようにもなってきた。つまり、国民の代表である議会というていさいが、だんだんにととのうようになってきた。そしてそれにつれて、等族会議の力もだんだんに強くなり、王様がかってな政治をすることができないようになってきた。

このことがはっきりと定められたのが、一二一五年の「マグナ・カルタ」という文書だ。これは日本語では「大憲章《だいけんしょう》」と訳されている。「大憲章」というのは、「大きな憲法」という意味だと言ってもよい。つまりこの大憲章は、貴族とその時の王様だったジョン王との間の約束を一つの書きつけに書きあらわしたものだった。ジョン王が、それまでの間に貴族が持っていたいろいろの権利を無視して、自分の思うように政治をしようとしたので、貴族は僧侶と力を合わせて、ジョン王に対して、二どとそんなことをしないという約束をさせたのだった。たとえば、王が税を取り立てるときには等族会議の同意をえてからでなければならないとか、貴族などを法律によらないでかってにとらえてはならないとか、貴族などの財産を法律によらないでかってに取り上げてはならないとかを約束させた。そして、もしも王がこの約束にそむいたなら、貴族は王の財産をさしおさえたり、そのほかの方法で王に責任をとらせることができるということなども定めた。このマグナ・カルタは、それまで特別の権利を持っていた貴族が、その自分の権利を守るために王に約束をさせたもので、国民全体の権利や自由を守るためのものではなかった。つまり、その時代に、貴族以外の多くの人民の基本的人権はまだ十分にみとめられてはいなかったのだ。しかし、このマグナ・カルタによって、ともかくも、王はかってな政治をすることはできず、王であっても従わなければならない法があるのだということを、はっきりさせたというところに、大きな意味があるわけだ。そして、この事件を始まりとして、等族会議の力がますます強くなっていった。

つまりその後、ジョン王の次の王様だったヘンリー三世が、このマグナ・カルタの約束に反したので、貴族は武力によって王を屈服させ、またそれまでの等族会議に、もっと広い市民の代表者を加えることも約束させた。その結果、一二九五年に開かれた等族会議は、貴族・僧侶・都市だけではなく、各地方の代表者や市民の代表者もたくさん出席したので、それは議会のもはんという意味で「模範《もはん》議会」と呼ばれることにもなった。この「模範議会」が古くからの等族会議から、国民の代表としての後の議会への発達の歴史のなかで大きな意味を持つものになったわけだ。そしてこのような議会の制度、つまり国民の代表からなり立つ議会をもうけ、その議会が中心となって政治がおこなわれ、それによって国民の幸福が守られるという政治、つまり議会政治というものが、その後いろいろの国にもとりいれられるようになったのだった。

アメリカではどうだろう。君たち、歴史で習ったかしら、一六二〇年、イギリスから全部で一〇二人のひとびとが、メイフラワー号という帆船《はんせん》に乗って、大西洋を横断して北アメリカの海岸にただよいついた。そして、その一〇二人のひとびとがもとになって、そこにイギリスの植民地がつくられた。

メイフラワー号

ところがイギリスの本国は、この植民地のひとびとの考えをかえりみないで、これらのひとびとから重い税金を取り立てて植民地の商工業の発達をさまたげたり、これらのひとびとの生活をおびやかすような悪い政治をおこなった。そこでこれら植民地の人民は、せっかく努力して作り上げて

自由の鐘

きた自分たちの生活と自由とを守るためには、イギリスの本国の政治から離れて、新しい一三の独立した国家をつくることよりほかにはないと考えた。当時、パトリック・ヘンリーというひとが、「われに自由を与えよ、そうでなければ、われに死を与えよ。」とさけんだというこ とが伝えられているが、このことばは、かれらが、何よりも自由というものを守ろうとして立ち上がったということをよくあらわしている。これがアメリカの独立だ。

一七七六年七月四日、これらのひとびとはフィラデルフィアというところに集まって、イギリス本国からの独立を宣言《せんげん》した。その独立の宣言というのが、前に話した人民のための憲法という考え方を、非常に力強く、はっきりとあらわした、世界の歴史のうえで非常に大事な文章であるわけだ。それはわかりやすく言うと、次のようなことを宣言したものだった。

「すべての人間は、生まれたときから平等である。すべての人間は、ゆずりわたすことのできない権利を神から与えられている。その権利というものは、生命、自由、それから幸福の追求である。人間のこれらの権利を守るために国家がつくられる。国家の権力は、治められる人民の同意があって、はじめてみとめられる。だから、国家がこういう目的にそむいたときは、人民はこの国家の権力をたおすことができる。」

こういうことがこの宣言の中に書かれているのだ。少しむずかしいかも知れないけれど、わたしが前から言っていることを思い出せば、この宣言の意味がわかるだろう。このような独立宣言のもとに立ち上がった一三の国のひとびとは、何年もの間イギリス本国と戦って、そしてこの戦争に勝利をしめた。そして一七八七年、これらの一三の国ぐにが一つの国家として、今のアメリカ合衆国をつくることになり、そこにアメリカ合衆国の憲法ができたのだった。この憲法の中には、この独立宣言の考え方が全部取り入れられてあるわけだ。

フランスではどうだったろう。アメリカ合衆国のでき上がったあと、二年、つまり

パンをあたえよと押しよせる民衆

一七八九年にフランスでは革命《かくめい》が起きた。革命というのは君たち知っているかしら。それまでの政府をたおして新しい政府をつくること。これが革命だ。フランス革命で、それまでのフランスの専制政治の政府はたおされて、人民の政府がつくられた。そこでも、ちょうどアメリカの独立宣言と同じように、ひとびとは人権宣言というものをつくって、その革命の理想をしめした。つまり、その人権宣言のもとにフランスの人民は革命に立ち上がったのだった。その人権宣言に書かれていることは、文章はちがうけれども、だいたいはアメリカの独立宣言に書かれたことと同じだった。つまりアメリカの独立の場あいは、植民地のひとびとが戦ったのは、イギリス本国がかれらの自由をおしつぶし、ふみにじったからだった。フランスの革命の場あいは、植民地と本国との争いではなかったけれども、その前のルイ一四世とか、ルイ一六世とかの王による専制政治が、ひとびとの権利や自由を、同じようにふみにじったからだった。前にも話したように、フランスでも一七世紀の初めごろまでは等族会議があった。しかし王の力が強くなって、王による専制政治がおこなわれるようになってからは、等族会議はほとんど一ども開かれなくなってしまった。そして特別の権力を持っているごく少ない貴族や僧侶が、王と結びついて、自分たちだけの利益のために、かってに政治をおこなっていた。そして国民の大多数をしめている市民や農民たちは、みじめな生活に追いこまれていた。このため、ぜいたくな宮廷《きゅうてい》の生活や、貴族の生活がいとなまれているいっぽうでは、都市や農村には、おおくの農民や労働者が、うえと貧乏に苦しんでいるというありさまだった。そこでこれらの市民や農民は、だんだんに貴族や僧侶に反対し、貴族や僧侶だけによる政治を打ちたおし、それによって自分たちの自由を守り、また自分たちの政治を打ちたてようと考えるようになったのだった。これが革命の原因だった。

つまりフランス革命でも、アメリカの独立と同じように、人間は生まれたときから自由であり、平等であるはずなのに、ごく少しばかりの者たちだけが特別の権力を持っており、大多数のひとびとの自由がふみにじられているという、そういう政治のやりかたに対して、すべての人間は平等であり、したがって政府というものは、このような人間の自由、尊さ、値うちを守るためのものでなければならないという考えかたからおこなわれたものだったのだ。アメリカの独立宣言とフランスの人権宣言とが、文章はちがうけれども、ほとんど同じことを書きあらわしているということの理由がこれでわかるだろう。

この人権宣言のもとで革命は成功した。そして一七九一年にフランスではじめてほんとうの憲法ができた。その中にこの人権宣言がそのまま取り入れられた。またイギリスにならって議会政治のしくみがしっかりと定められた。

こういうイギリスの議会政治、アメリカの独立宣言、フランスの人権宣言の考えかたなどが、それからあと多くの国ぐにひろがって行った。もちろん国によってはいろいろのちがいはある。たとえばドイツやロシアなどは、この時代からもっとずっとおくれて、この前の世界大戦、つまり一九一四年から一八年までの世界大戦[注5]のあとでようやく専制政治がたおれて、ほんとうの意味の憲法ができた。こういうわけで、国によっていろいろなちがいはある。また国によって憲法のきめていることがらも、こまかいところでは、まったくたくさんのちがいがあり、どれ一つとして完全に同じなものはないと言ってもいい。

しかし憲法が、今まで話してきたような人民の憲法という方向に進んできたということだけは、はっきりと言うことができるのだ。憲法の歴史というのは、こういう人民のための憲法が生まれ、それがだんだんに成長していくことの歴史だと言ってもいいのだ。

4 「人民の、人民による、人民のための憲法」

今まで憲法とはどういうものか、世界のおもな国の憲法はどのようにして生まれて

注5　第一次世界大戦のこと。

きたかの話をしてきた。君たちには少しむずかしかったかな。しかし、それはだいじなことだ。もう少ししんぼうして聞いてくれたまえ。ひとつわかりやすく今までの話をまとめてみよう。

憲法は、「人民の、人民による、人民のための憲法」という方向で発達してきた。人間は憲法を、「人民の、人民による、人民のための憲法」にするようにと今まで努力してきたということになる。そしてまた、これからもいっそう、憲法をそのような憲法にしていくことが人間の仕事だということだ。

専制政治の時代の憲法は、こういう憲法ではなかった。これは前にも言ったことだけれど、もういちどくり返しておこう。それは絶対的な支配者や、そのまわりで特別の権力を持っていた少しばかりのひとびとによって作られ、それらのひとのための憲法だったのだ。人民のためのものではなかったのだ。それを、「人民の、人民による、人民のための憲法」にしたということ。そのために、いろいろの国で革命がおき、おおくの人間の血が流されたのだった。

人間の自由のために、また憲法を「人民の、人民による、人民のための憲法」にするためにおおくのひとびとが血を流し、生命をすてたのだということを、君たちもわすれないでくれたまえ。リンカーンが自由のために、「人民の、人民による、人民のための政治」のために生命をささげたということは君たちも知っているだろう。しかしそれはリンカーンだけのことではないし、アメリカだけのことでもない。イギリスでもフランスでもそうだった。

イギリスでは、さっきも話したように、一三世紀のマグナ・カルタや「模範議会」で、いちおう人間の自由が守られ、議会政治が守られるいしずえができたのだったが、その後でも、これらの考えかたがふたたびおびやかされたことが多かった。つまり、一七世紀になってから王がふたたび議会を無視して、専制政治をおこなおうとした。そこで王と議会との間にはげしい争いが起こり、その結果、一六八八年には革命が起こった。

フランスでもそうだった。一七八九年の革命で、それまでの専制政治はたおされたけれども、その後でも王はまた貴族などと結び、また外国の王とも結んで、ふたたびむかしの専制政治をとりもどそうとした。そのために、せっかく自分たちの政府を打ちたてたフランスの人民は、外国とも戦わねばならなくなったし、また国内でもフランスが二つに分かれて内乱《ないらん》ともなった。そのために多くの市民が生命をすてたのだった。

このような例は、ほかの国の歴史のなかにもたくさん見られることなのだが、それはけっきょく、自由というものは、ただだまっていて人民のものになるものではないということだ。メイフラワー号でアメリカ大陸にわたって、自由の国をつくったひとびとの場あいでもそうだ。一〇二人のひとびとは新しい自由の国をつくろうという希望にみちていた。またそこには古い制度や古いしきたりもなかった。かれらは自分の思うままに新しい社会をつくっていくことができた。

しかし一三の植民地は、かんたんに、なんのくろうもなくつくり上げられたものではなかった。そこにはほんとうに、どんなことばでも言いあらわすことのできないような困難や苦しさが、かれらの前に立ちふさがっていた。上陸したその年の冬、ひどい寒さと病気とのために、一〇二人のうちの半分以上が死んでしまった。それに前からその土地に住んでいたインディアンが、かれらを襲撃《しゅうげき》した。インディアンの毒矢《どくや》にあたって死んだひともいた。そのような困難のうえに土地は未開だった。そのために食料も不足だった。こういうところで、かれらは新しい社会をつくり上げていったのだった。うかうかしてはいられない。ちょっとゆだんをすれば、自分ひとりだけではない、家族や全部のなかまの生命があぶない。

開拓民の生活

一三の植民地は、こういうたいへんな困難と苦しみに打ち勝って、つまり自然やインディアンや病気などとの、はげしい戦いのなかでつくり上げられたものだったのだ。そしてこれらに打ち勝つためには、かれらがそれぞれ、自分さえよければいいというような気持をすてて、全員が力を合わせ、それぞれ自分の持ち場を守り、自分の役わりを責任をもってはたし、そしてみんなの生命や安全や幸福を守っていくことよりほかにはなかった。たぶん君たちと同じくらいの少年少女でも、おとなといっしょに木をきり、インディアンの襲撃のときには銃をとって戦っただろう。こうしてかれらは、その理想だった自由の国をつくり上げたのだった。注6

一八世紀になってから、イギリス本国との戦争に立ち上がったアメリカのひとびとは、こういうようなひとびとの子孫だったのだ。だからこそ、かれらの胸のなかには、自分たちの先祖があんなにまでくろうをして、ようやく自分たちのものに残してくれていた自由というものを守るためには、どんな苦しみもいとわないという気持が、みちあふれていたにちがいないのだ。だからこそ独立戦争にも勝利をしめることができたのだ。

また、かれらの心のなかには、自分たちの先祖がたててくれた自由の国がほんとうに自分たちの国であり、自分たちの幸福を守る国であり、だから、ひとりびとりだれでも力を合わせて、その国を守らなければならないという信念がもえ立っていたにちがいない。ほんとうの憲法、つまり「人民の、人民による、人民のための憲法」というものが生まれたのは、このような多くのひとびとの血となみだと努力の結果だったのだ。

ところで、「人民の、人民による、人民のための憲法」というと、あのリンカーンの有名なことばを思い出しはしないかしら。あの「人民の、人民による、人民のための政治」ということばを。

ゲッティスバーグにあるリンカーン像

リンカーン――このひとのことは君たち知っているね。アメリカの大統領で、アメリカの生んだ最大の偉人だと言われている。このリンカーンがゲッティスバーグというところでおこなった演説《えんぜつ》の中で、この「人民の、人民による、人民のための政治」ということばをのべたのだった。このことばはとても有名なことばだね。しかしこのことばをリンカーンは一体どう

注6　アメリカ大陸に渡った人々は、先住民族のインディアンから土地や命を奪うことで植民地を開拓した。この本が書かれた当時は、先住民の側に立った歴史の見方がまだ一般的でなく、ここでは抵抗するインディアンとの戦いを尊い苦労として描いている。

いうときに、どういうつもりで、使ったのだろう。それを君たち、考えたことがあるかしら。それをちょっと話しておこう。

リンカーンと言えばドレイ解放のことをだれでも思い出す。ドレイの話は前にもしたね。リンカーンの時代のアメリカにも、まだドレイがあったのだ。たくさんの黒人がドレイとして一生の間、ちょうど牛や馬と同じように働かされ、またお金で売買されていた。リンカーンはそのドレイの制度、ドレイというものをなくすること、つまりドレイを全部自由にすることが何よりもだいじなことだと考えたひとだった。同じ人間でありながら、体の色がちがうというだけで、牛や馬のように働かされ、また品物のように売買されるというようなことは絶対にゆるされないことだと、リンカーンは信じていたのだった。

アメリカの北の方の諸州はリンカーンに賛成してドレイを解放した。だけど南の方の諸州は、どうしてもリンカーンの言うことを聞かなかった。そこで南北戦争が起きたわけだ。戦争は四年間もつづいた。リンカーンはそのために一生けんめいに戦った。つまり、さっきも言ったように、アメリカの独立宣言は、人間の自由ということが何よりもだいじなものだ、国の政治はその人間の自由を守るためのものでなければならない、ということを宣言したのだった。それなのにアメリカにはまだドレイがあり、多くのドレイは同じ人間でありながら、むちで打たれながら働かされ、なんの自由もあたえられず、主人のかって気ままに売り買いされていく。ちょうど牛や馬と同じようなあつかいをうけている。リンカーンはこういうドレイがなくならないうちは、独立宣言の理想は完全には実現されないというふうに考えたのだ。つまりドレイ解放がおこなわれなければ、アメリカの独立はじつは達成されないのだと思ったのだ。リンカーンがドレイ解放に一生けんめいになったということは、それでわかるだろう。

そこでゲッティスバーグの演説の話にもどろうね。これは一八六三年一一月一九日にペンシルバニア州のゲッティスバーグというところで、リンカーンがおこなった演説だ。この年の七月のはじめ、二日間にわたって、この小さな丘《おか》がたくさんあるゲッティスバーグの平原で、南北両軍の大激戦がおこなわれた。それはこの戦いに参加した南北両軍の四分の一が戦死したというほどの激戦だった。そこでこの激戦が終わったあと、まだ南北戦争は終わっていたわけではないけれども、この一一月に、この土地の一部分を国の墓地として、そこで死んだ勇士にささげるため、つまりそこに戦死した勇士をとむらうための式がおこなわれた。この演説は、その式のときになされた演説だった。

この演説はそれほど長い演説ではない。ふつうの字で印刷すれば、二ページくらいにしかならないみじかい演説だった。だけど、それは非常に有名な演説だ。というのは、そこにリンカーンの信念がほんとうによくあらわれているからだ。ぜんぶを読む必要はないけれど、だいじなところだけ読んでみよう。ただし、君たちにもよくわかるように少し文章をやさしくして。

「八七年前、われらの父祖は、この大陸に新しい国家を打ち立てましたが、それは自由の精神にもとづくものであり、すべてのひとは平等に作られているという考えかたに従ったものでありました。今われわれは一大国内戦争のさいちゅうにあります。この戦争が、このわれわれの国家が長くつづくことができるかどうかを決するわけなのであります。われわれは今、この戦争の一大激戦の土地に集まっています。われわれはこの国家が長らえるようにと、ここでその命を投げだしたひとびとの最後の安息の場所として、この戦場の一部をささげるために集まったのであります。……ここで戦ったひとびとが、このようにりっぱに進めてきた、まだ完成しない大きな仕事に身をささげなければならないのは、むしろ生きているこのわれわれ自身でありますわれわれが今ここに集まっているのは、これらの名誉ある戦死者が、最後の全力をつくして命をささげた大きな精神、大きな目的に対して、それらのあとを受けついで、われわれがいっそう努力するためであります。また、これら戦死者の死をむだに終わらせないように、われわれがここで固い決心をするためであります。また、この国家をして、神のもとで新しい自由の国家として生まれるためであります。また、『人民の、人民による、人民のための政治』が地上からほろびないようにするためであります。」

この演説の意味は君たちにもわかるだろう。つまり、「人民の、人民による、人民のための政治」のために、南北戦争がたたかわれたというのだが、その「人民の、人民による、人民のための政治」というのは次のような政治をいうのだ。

第一に、「人民の政治」というのは、絶対的な支配者の政治ではないということ。

君たちやみんなの生活が、ひとまかせの生活ではなくて、君たち自身の生活でなければならないように、国の政治というものも、人民自身の政治でなければならないということ。

第二に、「人民による政治」というのは、ごくかぎられた支配者たちだけによっておこなわれる政治であってはならないということ。それは人民のすべてが参加する政治でなければならないということ。

そしてまた第三に、「人民のための政治」というのは、限られたひとびとだけの利益や幸福のための政治であってはならないということ。それはすべての人民の幸福や利益のための政治でなければならないということだ。

リンカーンは、そういう政治を理想として一生をささげたひとだった。そして、そういう政治を好まない考えのひとびとににくまれ、そのひとびとの手先のために暗殺《あんさつ》されて死んだのだった。

リンカーンのアメリカだけではなく、すべての国がこのような、「人民の、人民による、人民のための政治」をおこなわなければならないのだ。そして、そのことをきめる憲法が必要なのだ。支配者が、自分だけの、自分だけによる、自分だけのための憲法をつくったとしても、それはほんとうの憲法ではない。あるいは支配者が、おていさいに表向きだけではいかにも「人民の、人民による、人民のための憲法」であるかのような憲法をつくることがあるかも知れない。だけど、これでもそれはほんとうの憲法ではない。それは、おていさいだけの、外見だけの憲法で、それは支配者によって、いつでもすぐ破られるような憲法だからだ。そういう憲法をだんだんに改めていって、「人民の、人民による、人民のための憲法」をつくり上げてきたその歩み、それが今までの人間の歩みであったのだ。

5　人間の成長と憲法の成長

憲法とは何だろうということを今までずっと話してきた。

そこでわたしが話してきたことは、人間の長い長い歴史の中で、ほんとうの憲法、つまり、「人民の、人民による、人民のための憲法」が生まれ、そして成長してきたということだった。人間の成長につれて憲法も成長するものなのだ。人間が成長すれば、それだけ憲法も成長するのだ。

ここで人間が成長すると言ったけれども、それは人間がせいがのびて、おとなになるということではない。人間が自分の尊さを自覚し、それと同時にほかのひとの尊さをも知って、それを尊重する、そして人間の共同生活、社会生活は、それぞれ値うちを持った、尊さを持った人間の幸福のためのものであるということに気がつくようになること、それが人間の成長ということなのだ。

このような人間の成長につれて社会も成長をする。その社会が人間の文化の発達とともに、だんだんに大きな、そして、こみいったものとなってくる。そういう社会を人間がつくっていくうえに、その社会の規則ができる。そしてその規則のうえに、いろいろの工夫を加えて、すべての人間の幸福をできるだけ高めていくようにしようということになってくる。そこに憲法の成長が見られるのだ。

前にも言ったけれども、何万年も前の時代の人間の社会は、けだものと同じように強い者が勝つという社会だった。弱い者は何もできない。強い者にたおされてしまう。しかしそれはその人間が弱いためで、しようがないことだ、強い者が栄え、弱い者はほろびる、それでよいのだ、という時代だった。それはけっきょく、すべての者の人間としての値うちというものがみとめられていなかったということなのだ。強い者が弱い者をおさえつけて、弱い者は強い者の言うなりになっていなければならない。それは弱い者の人間としての値うちがみとめられていないということだった。

その後、人間が成長をして、人間の自由、人間の値うちというものがみとめられ、その人間の値うちをむやみにふみにじってはならず、人間はだれでも生まれたときから自由であり、また平等だという考えが生まれるようになってきた。人間の値うちがみとめられるようになったわけだ。だけど、そうだからといって、すべての人間が何をしてもよいということならば、それはさっき言ったように、強い者が何をしてもいいという原始時代の人間と変わらないことになってくる。同じ自由でも、原始時代の人間の自由と現代の人間の自由とはちがうのだ。

それでは、いったいどこがちがうのか。成長した人間の自由は、同時に責任をともなうものであるという点がちがうのだ。自由があれば、それだけ責任がある。責任がないところには自由もないと言ってもいいだろう。

たとえば、こういうことだ。君たちが学校から帰って来て遊んでばかりいて何も勉強をしない。そこでおとうさんが、

「勉強をしなさい。三時から五時まで勉強をしなさい。」

と命じなさったとしよう。すると、その二時間という間は君たちは遊びたくても、いやでも勉強しなければならない。そして、そういうことが毎日くり返されれば、君たちは、おとうさんやおかあさんからおこられなければ勉強しないようになるだろう。つまり、ひとから何も言われなくても自分からすすんで勉強しよう、自分の責任で勉強しようという気持が起こらなくなってくるだろう。ところが君たちが、ほかのだれから何も言われなくても、毎日自分からすすんで勉強をしようとする場あいはどうだろう。勉強をしようがしまいが、それは君たちの自由だ。だけど毎日きまって勉強しようとする。すると、そこには君たちの責任が生ずるわけだね。つまりその結果君たちの成績が上がるか下がるかは、みんな君たち自身の責任だということになる。その

ことを君たちが知って、そして自分からすすんで勉強をしているということがわかったなら、君たちのおとうさんも、おかあさんも、君たちを信用して、何もやかましくいちいち、「勉強をしなさい。」と命じたりはなさらないだろう。

つまり、こういうことだ。自由ということは自律《じりつ》ということ、つまり自分でものごとをきめるということだ。そしてそれは、同時に自分できめたことに責任を持つということだ。前に一〇二人のひとびとがアメリカ大陸に新しい社会をつくっていったとき、かれらの自由はそのひとりびとりの責任によって、はじめて彼らのものとなったということを話したことをここでもう一ど思い出してくれたまえ。そして、このように自律と責任を自覚したおおくの人間が集まって、共同の生活をしていくというところに人間の成長があるのだ。人間の歴史は弱肉強食《じゃくにくきょうしょく》の時代から、すべての人間が自由となり、そしてその自由な人間が自律と責任を自覚した人間となり、そのよう

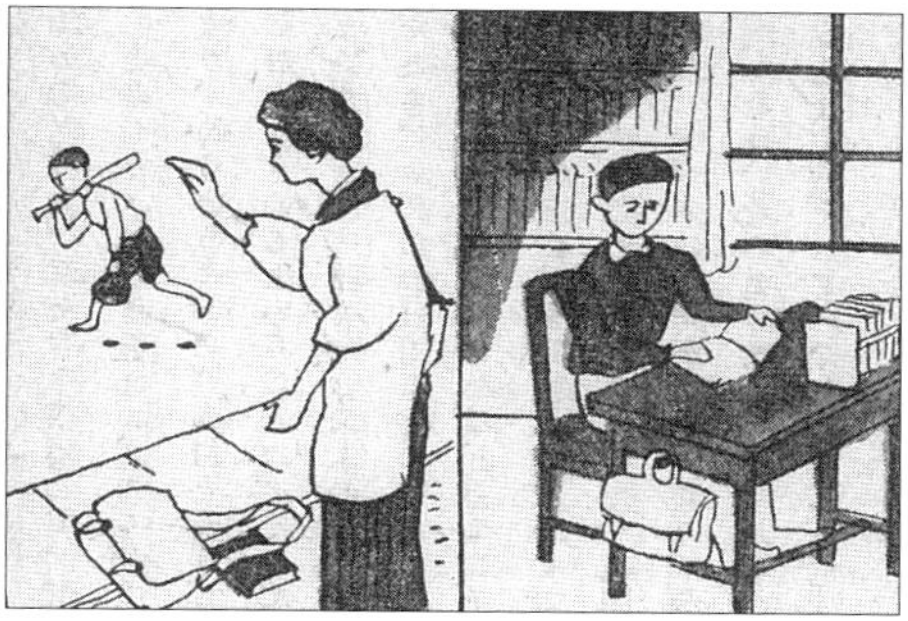

な人間がそれぞれの役目を持って、おたがいに力を合わせて共同の社会生活をしていくというふうに成長してきた、その成長の歴史だと言えるのだ。

ここで君たち自身のことを考えてみたまえ。君たちはまだ子どもだ。「子どもだ。」と言うと「もう子どもじゃないよ。」と言うかも知れないけれど、それなら、少年少女だ。だけど今から何年か、ほんの何年か前は君たちはまだ赤んぼうだった。赤んぼうだったとき、君たちは、おとうさんや、おかあさんや、おにいさんや、ほかのひとたちから、ただかわいがられているだけだった。自分でものごとをきめること、それを自分でするということは何もなかった。何から何までおうちのひとにしてもらっていた。それはことばをかえて言うと、赤んぼうの時代は君たちは社会の一員ではなかったということなのだ。ただみんなからかわいがられる。つまり、みんなの言うままになっている。おなかがすいても、おかあさんがお乳をくださらないならば、自分でものを食べるわけにはいかなかった。つまり、赤んぼう時代の君たちは、少しむずかしいことばで言うと、いつも受け身であったのだ。自分からすすんで家庭という社会にはいって行って、そしてその社会のなかで自分の責任を持ち、みんなと共同生活をしていくということではなかったのだ。

ところが、君たちがだんだん成長してくると、君たちの生活が変わってくる。君たちは幼稚園《ようちえん》にはいり、小学校にはいり、中学校にすすむ。するとそれにつれて、だんだんと君たちの自由がみとめられるようになってくる。お友だちのところに遊びに行きたいと思えば、自分で遊びに行くことができる。自分の読みたい本を買おうと思えば、自分で買うこともできる。君たちがもしも高等学校にはいり、大学にはいるというようなことになったら、そういう自由はもっと広くなるだろう。このように君たちの自由が広くなってくるということは、それはまた君たちの社会が広くなってくるということなのだ。つまり君たちの属している共同生活、社会生活が多くなり、そして広くなってくるということなのだ。そしてまた、それは同時に君たちの責任がふえるということなのだ。つまり君たちの属するそういう社会がだんだんにふえ、そして、ややこしくなってくる。そしてそれらの社会の中で、君たちみんなの幸福をできるだけ高めるためのいろいろのくふうがなされる。そこにそれらの社会の規則が、だんだんにこみいった、そしてりっぱなものになってくる。

人間の社会も、ちょうどこのように発達してきたのだ。人間は一番はじめは、小さな部落[注7]でしか社会生活をいとなんではいなかった。そしてそこでは非常に強い権力を持った支配者がいて、その社会を支配していた。その部落がだんだんに広がってくる。そしてそれらの部落が、さらにまとまって一つの大きな部落をつくるようになってくる。そしてさらに、それが広がって、たとえば封建時代の藩となり、または州ともなっていく。そしてそれが最後に、国という一番大きな、こみいった社会になってきた。しかもこの発達の間に人間の自由がだんだんにみとめられ、すべての人間が国の政治に参加するというようにもなってきた。それが人類の今日の段階なのだ。この国という大きな社会のなかで、何百万、何千万、何億という多くの人間が、非常にこみいった仕事をそれぞれ受け持って、しかもそれらの役わりを自分からすすんではたすことによって、この社会の幸福のために、つまりこの社会に属しているすべてのひとびとの幸福のために力を合わせている。そしてそのために、この国のはたらきのルールである憲法がつくられているわけなのだ。

君たちはまだ、おとなじゃない。一人前の人間ではない少年少女の段階だ。君たちはまだ、どんなことでも自分で責任を持ち、自由に行動するというところまでは行っていない。先生の言いつけを守り、おとうさんやおかあさんたちに指導されることが多いだろう。だけど、そのうちに君たちも大きくなり、自分でものごとを考え、自分で自由に行動し、そして自分で責任を持ち、社会生活をいとなんでいくという場あいが多くなるし、またそうならなければならないのだ。

だから今、君たちはそういうふうになったときのために、けいこをしなければならないのだ。一人前の人間としての社会生活をするために、いま君たちが属しているクラスや学校や家庭などの小さな社会の中で、その社会のすべてのなかまの幸福を高めるためには、どういうふうにしたらいいだろうかということを考えなければいけないのだ。それはちょうど人類がまだきわめて小さな社会にしか属していず、またその自由が少ししかみとめられていなかった時代と同じだと言えるだろう。人類はこういう時代からだんだんと成長して、今日のような大きな、こみいった国という社会をつく

注7　集落のこと。

るようになってきた。そして、それにつれてまた人間の自由もだんだんに広くみとめられるようになり、ひとびとがそれぞれ責任を持って自分の役わりをはたすようになってきた。それはちょうど君たちがこれからもっと成長して、だんだんに大きな社会の一員となり、そして自分の責任で、自由にその社会のはたらきに参加するようになるのと同じなのだ。

わたしは、このお話のはじめのところで、君たちのまわりに憲法はあるということを言った。そのことをここでもう一ど思い出してくれたまえ。いま君たちが属している学校やクラスや家庭や、そういういろいろの社会の規則は、それらの社会の幸福のためにつくられているルールなのだ。それらは君たちがいま属している小さな社会の小さな憲法なのだ。そこで、そういう規則なんてどうでもいい、そんな規則なんか破ってしまってもいいんだ、と君たちがもしも思っているとするなら、そういう君たちはおとなになっても、憲法なんかどうでもいい、憲法なんか破ってしまってもいい、国民の幸福なんかどうなってもいい、自分たちだけよければいい、というように考えるにちがいない。それでいいだろうか。君たちはそれでいいとは思わないだろう。

憲法というものの大切な意味を君たちは知らなければいけない。それは国という一番大きな社会のすべての人民の幸福をできるだけ高めるためにつくられている規則なのだ。そして、そのような憲法ができるまでには、君たちの先祖のたくさんのひとびとの血となみだが流れていたのだということを、今の君たちもわすれてはいけないのだ。

三　日本の憲法はどんな憲法か

1　日本の前の憲法

今まで憲法とはどんなもので、それはどんなふうに発達してきたかということについて話してきた。つまり、今までのお話は、どこの国の憲法にもあてはまることだった。そこでこんどは君たちの国、日本の国の憲法の話をしよう。今まで話してきたことを頭の中に入れながら聞いてくれたまえ。

日本の憲法の歴史は、今まで話してきたアメリカや、イギリスや、フランスや、それからドイツなどにくらべてもみじかい。つまり前に話した基本的人権とか、議会政治とか、民主政治とかの考えかたを、日本のひとびとが持つようになったのは、これらの国にくらべてずいぶんおくれていたのだった。それはなんのためだろう。

君たちは歴史で徳川時代のことを習わなかったかしら。徳川時代三〇〇年は鎖国《さこく》の時代だった。「鎖国」というのはわかるかしら。日本という国の門や窓をしめてしまって、外国とつき合いをしないということだ。この三〇〇年の間に、ほかの国はみんな

徳川の封建政治

どんどん成長して、文明の国となり、また、今まで話してきたような民主主義の国となっていた。ところが日本は、そういうほかの国にたいして、門や窓をぴっちりしめてしまっていたのだった。この間に日本の国の成長は、ほかの国にくらべてとまってしまっていたといえる。

この三〇〇年の徳川の鎖国時代は、また日本の封建時代でもあった。封建制度のことは、前にも話した。つまりそのころの日本の国はたくさんの藩に分かれ、その藩にはそれぞれ、との様がいた。そのとの様の中には強いものもあれば、弱いものもあった。領土の大きい藩もあれば、小さな藩もあったわけだ。それらの藩の中で、一番強い藩が、徳川藩だった。つまり徳川藩のとの様が「征夷大将軍《せいいたいしょうぐん》」という名まえを持っていて、江戸、つまり今の東京にいて、ほかのとの様をも支配し、日本全国を支配していたわけだ。この江戸の徳川将軍の政府を幕府《ばくふ》という。そしてこの徳川幕府のもとで、前に話したような封建制の政治がおこなわれていたのだった。

このような封建制度をやめなければならない、そして外国のすすんだ政治、つまり国民が政治に参加する民主主義の政治や、国民の基本的人権をだいじにするような政

横浜に上陸したペリー

治をしなければならないという考えかたも少しはあったけれども、強いものにはなっていなかった。ところが幕末、つまり徳川時代の終わりごろになると、君たちも歴史で習っただろうけれど、イギリスや、アメリカや、ロシアの軍艦が日本の門や窓のところへやって来て、国を開けということを要求するようになった。それは今から考えればなんでもないことなのだが、そのころの日本にとっては、たいへんなできごとだった。へたをするとイギリスやアメリカやロシアが日本に攻めて来て、日本を占領《せんりょう》してしまうことになるかもしれ

なかったからだ。しかも三〇〇年の鎖国のために日本はおくれていて、これらの国の軍隊に立ち向かうことなどは、とうていできなかったからだ。このできごとにたいして、どうしたらいいかということが大きな問題になったわけだが、そのころの徳川将軍の力は弱くなっていて、それをどうしたらいいか、きめることができなかった。そこで、こんな徳川幕府はたおしてしまわなければいけないという動きが強くなって、けっきょく日本全国が、徳川幕府のがわと、それに反対するがわとの二つに分かれて戦い、その結果徳川幕府はたおれた。つまり、それまで徳川幕府が持っていた全国を治める政治の権力を天皇にお返しするということになったのだ。そこで明治時代が始まり、日本の封建時代が終わって、前に話したような統一された国家の時代になったわけだ。

このような徳川時代の終わりから明治へのうつり変わり、封建時代から統一された国家の時代へのうつり変わりのころに、基本的人権や、人間は生まれたときから平等であるという考えや、民主主義の考えもだんだんにひろまってきたし、また外国の議会政治のしくみもだんだん知られるようになった。つまり、時代にめざめていたひとびとが、西洋の考えかたや、西洋の政治のしくみなどを日本の中にひろめ、民主主義の考えかたをひとびとに説くようになってきた。また幕末のころから外国に行ったひとびとが、それらの国の議会政治のありさまなどを自分で見て来て、それを日本のひとびとにつたえたこともあった。

アメリカへ行った使節

たとえば万延《まんえん》元年（一八六〇年）という年に、その前にむすばれた日米条約の文書をとどけるために、新見豊前守《しんみぶぜんのかみ》や村垣淡路守《むらがきあわじのかみ》というようなひとびとが、日本からの正式の使節として、アメリカにつかわされたことがあった。そのとき、かれらはワシントンでアメリカの議会を見学した。このときの村垣淡路守の日記があって、それをみると、かれらが議会というものを見て、どのように感じたかということがよくわかる。この日記はとてもおもしろいものだが、そこにはこんなことが書いてある。もっともその文章は、とてもむずかしい文字がつかわれているから、おもしろいところだけを君たちにもわかるように書きなおしてみると、たとえばこんなことが書いてある。

「正面の高いところに副大統領、その前の少し高い台に書記官ふたり、その前に円形にいすをならべ、およそ五〇人ほどならんでおり、その中のひとりが立って大声をあげてののしり、手まねなどをして、まるで気ちがいのようである。何か言い終わって、またひとり立って同様のことをする。いったい何をしているのかと案内人にたずねると、国の政治をみんなで論じ合い、めいめいがその考えをのこらずのべ合うのを副大統領が聞いてきめるのだということである。」

また、こんなことも書いてある。

「例のもも引き筒袖《つつそで》を着て大声でののしるようすや、副大統領が高いところにいるようすなどは、わが国の江戸の日本橋にある魚市場のさまによくにていると話し合った。」

議員が立って演説をしているのを、大声でののしり手まねなどして、まるで気ちががいのようだ、と感じたり、議場のようすをみて日本の魚市場でせり売りをしているようすを思い出したりしているのは、じつにおもしろい。そのころの日本の政府での政治のやりかたは、わずかのひとだけで、だれも入れないようなおく深い一室で、かみしもを着て、はかまをはき、からだも動かさずに相談をし、その結果きまったことをあとで多くのひとにつたえるときにも、低いところでおじぎをしているひとびとに向かって、一段高いところから、おごそかに言い聞かすというようなやりかただったのだから、こんなにさわがしく、魚市場のようなやりかたで国の政治がきめられるというのは、いったいどういうわけだろうと驚いたさまが、よくあらわれているではないか。こんなぐあいだったのだから、徳川幕府の専制政治がたおれたあとでも、日本のひとびとが民主政治とか、議会政治とか、基本的人権とかの考えかたを正しく理解することがむずかしかったことがよくわかる。

しかし、この時代に新しい考えかたや、外国のすすんだ制度のことなどを日本にひろめたひとびとの中で、一番有名で、そして一番ひとびとを動かしたのは、君たちも知っているだろう、福沢諭吉《ふくざわゆきち》というひとだ。福沢諭吉は西洋のいろいろの制度をわか

○天ハ人ノ上ニ人ヲ造ラズ人ノ下ニ人ヲ造ラズト云ヘリサレバ天ヨリ人ヲ生ズルニハ万人ハ万人皆同ジ位ニシテ生レナガラ貴賤上下の差別ナク万物ノ霊タル身ト心トノ働ヲ以テ天地ノ間ニアルヨロヅノ物ヲ……

福沢諭吉と『学問のすすめ』

りやすく書いた『西洋《せいよう》事情《じじょう》』というような本や、人は学問をしなければならないということを教えた『学問のすすめ』というような本を書いた。そしてそれらの本が非常にたくさんのひとびとによって読まれた。福沢諭吉の言った有名なことばはたくさんあるが、それらの中でも、だれでも一番よく知っているのは、

「天は人の上に人を作らず、人の下に人を作らず。」

ということばだ。この意味は君たちにもわかるだろう。ひとびとの中には金もちも

あれば貧乏人もいるし、身分の高い人、低い人、力の強い人や弱い人もあるけれども、しかしそれは、うわべのことで、人はみんな生まれたときは平等なのだ。人の上には人はなく、人の下には人はないのだという意味だ。

それからもう一つ、かれの有名なことばがある。それは、

「封建制度は親のかたきでござる。」

ということばだ。このことばについて、ちょっと説明しよう。福沢諭吉は、中津の藩士、つまり中津という藩の武士の家に生まれた。武士だから百姓や商売人よりは身分が高かったのだが、しかし同じ武士の中ではずっと下の方の武士だった。そこでそういう下のほうの武士の子どもだった福沢諭吉は、今で言えば学校だが、そのころの寺子屋で勉強しているときでも、身分の高い武士の子どもたちに、いつもばかにされ、いばられていた。たとえば御家老《ごかろう》というような高い身分の武士の子どもは、かれよりもずっと頭もわるく、勉強もできないのに、おとうさんが御家老だというだけで、ちやほやされていた。そこで福沢諭吉は、おそらく一生の間、御家老の子どもはいばりつづけ、自分はその下でへいへいしていなければならない。これはいかにも不つごう

なことだと思ったわけだ。

福沢諭吉のおとうさんは、なかなか能力があった人のようだが、同じように一生身分の低い武士として貧乏な生活をしなければならなかった。そのことを諭吉も見ていて、子どもながらに、おとうさんもかわいそうだと思ったのだろう。そして、おとうさんをそういうふうにかわいそうな身分にしているのは、それは封建制度のためなのだというふうに考えたのだ。そこで、かれはあとで、「封建制度は親のかたきでござる。」と言ったわけなのだ。そして、このような不つごうな封建制度の考えかたをなくすために、かれはそののち、大きな働きをしたわけだった。そしてその封建制度がたおれるのを、かれは生きているうちに見たのだった。むかしのように刀で親のかたきをたおしたというのではなくて、言論の力で親のかたきをとったのだともいえるだろう。

このようなぐあいで徳川幕府がたおれ、そして新しい考えかたがひろまることによって明治の時代が始まった。徳川幕府にかわって、新しい明治の政府ができた。しかし、そこですぐに民主主義の政治が日本にできあがったわけではなかった。なぜだろう。それは新しい明治政府が何を一番の目的にしたかというと、そのころ言われたことばをつかえば、富国強兵《ふこくきょうへい》ということだったからだ。国を強いものにし、軍隊を強いものにするということだ。つまり三〇〇年の鎖国のあいだに外国はすすんでしまっていた。イギリスや、アメリカや、ロシアが、日本の国を開けといってきたときに、日本の国が弱かったために、国を開けばそういう国ぐにに占領されてしまうのではないかということが、たいへんな心配だった。それもこれも、みんな日本の国がおくれてしまっていたためだ。だから、これから日本の国がしなければならないことは、政府をできるだけ強くする、また軍隊もできるだけ強くする、そして一日も早く、先にすすんだ国ぐにと肩をならべるようにすることだ。こういうふうに、そのころの新しい政府のひとびとは考えたわけだ。そうしてその場あいに、どのようにして政府を強くするかといえば、それらのひとびとは人民にいろいろなことを言わせると国は弱くなる、人民の権利や自由をあんまり守りすぎると、政府が思い切ったことができないで弱くなるというふうに考えた。だから富国強兵のためには、民主主義や基本的人権は、かえって害になるというふうに考えたのだった。

　また長いあいだ封建制度にならされていた人民は、自分からすすんで政治に参加しようとか、自分の考えを国の政治のうえにあらわしていこうとか、あくまで自分の主張を通そうとかいうようなことを考えなかった。「長いものには巻かれろ」ということばがある。つまり力の強いものには言うままになっておれ。それで自分さえいいならいいじゃないかというような、あきらめの考えかただ。長い間の専制政治、封建制度にならされていたそのころの日本のひとびとは、そういう考えかたにおちいっていたのだった。明治の新政府のやりかたは、こういうようなそのころの日本人の考えをよいことにして、民主主義の芽をのばさないというやりかただったともいえるのだ。

　ところが、こういう明治新政府のやりかたにたいして、だんだんに反対の考えかたが出てきた。その考えかたが明治一〇年前後に大きな運動になった。これを自由民権運動という。つまり自由民権運動というのは、人民の自由を主張した運動だ。そしてそのころの政府に羽振りをきかしていたひとびとは、徳川幕府をたおすときに一番働いた二つの藩、つまり、薩摩《さつま》、長州《ちょうしゅう》という二つの藩の出身のひとびとであって、ほかの藩の出身のひとびとは政府にはいることができなかったのでそれに不満なひとびとが、そのような政府は、やはり専制政府であると言って、それをたおさなければならないと主張するようになったのだ。それらのひとびとは、そこで政党をつくった。政党というのは、君たちも知っているね。いまでも自由党や、民主党や、社会党[注8]というような政党がある。これらは国民の中の、いろいろな意見を代表して、それを主張し、その意見によって政治をおこなうようにしようとするためにできた団体だ。そういう政党がそのころにはじめてできたわけだ。それらは、そのころも自由党とか改進党とかいう名まえがつけられていた。それらがその後いろいろなうつり変わりをしながら、君たちも知っている今の日本のいろいろの政党になってきているわけだよ。

ところが、こういう政党にたいして、明治政府のひとびとは頭からおさえつけた。つまり、それをおしつぶそうとして圧迫《あっぱく》した。なぜなら、そういう政党が強い力を持

注8　いずれも当時の日本の政党。自由党と民主党は一九五五年一一月に合同して自由民主党となった。社会党は一九九六年に社会民主党に改称。

つようになれば、自分たちの政府がたおされることになるだろうと考えたからだ。政府とそういう政党とのあいだの争いが、そのころからだんだんはげしくなってきた。

そのころの話はあんまり長くなるからやめることにしよう。ただ君たち、板垣退助《いたがきたいすけ》という人を知っているかしら。写真で見たひとはいないかしら。東京にいるひとなら、国会議事堂を見学に行ったことがないかしら。あそこの正面の玄関をはいったところの、ひろい広間の四つのすみに、日本の民主政治に働きのあった人の銅像をたてるようになっている。四つの台があるのだが、銅像は今はまだ三つしかできていないが、その中の一つが板垣退助の銅像だ。あごひげを長くはやした、目のするどいひとだ。この板垣退助が自由党をつくったひとだ。その自由党にたいして、政府のひとびとやその手先が、いろいろな圧迫をして、明治一五年（一八八二年）板垣退助が岐阜に演説をしに行ったときに、政府の手先の人間が、板垣退助をころそうとして短刀できずをおわせたことがあった。そのときに板垣退助はころされなかったのだけれども、きずをおってたおれたときにこう言ったということがつたえられている。

「板垣死すとも自由は死せず。」

つまり、もしも板垣退助がころされたとしても、自由というものはころされないということだね。これは日本の政党の歴史、民主政治の歴史のうえで有名なできごとのひとつだ。

板垣退助のことで、もうひとつ有名なことがある。板垣退助は、前に話した徳川幕府をたおしたときの戦争で、徳川幕府のがわの会津藩《あいづはん》を攻めに行った軍隊の指揮官《しきかん》だった。会津藩はこれにたいして勇ましく戦ったのだが、そのなかでも白虎隊《びゃっこたい》という少年たちだけの隊のことが有名だ。つまり会津藩の武士の子どもたちで、ちょうど君たちぐらいの少年たちが、白虎隊という名まえの隊をこしらえて、おとなにも負けない勇ましいはたらきをして、最後には全滅をした。

板垣退助

これも戦争というもののむごたらしいできごとなのだけれど、とにかく会津藩の武士は、その家族といっしょになって最後まで戦ったのだった。しかし、会津藩はやぶれてしまった。板垣退助はこの戦争で会津藩が負けるのを見て、こういうように感じたというのだ。

それは、会津藩の武士は勇ましく戦ったけれど、けっきょく会津藩は負けてしまった、武士のはたらきだけではだめなのだ、このことは国の場あいでも同じだ、武士だけではなく、またその家族たちだけではなく、ふつうのひとたちもぜんぶが力を合わせるのでなければ、けっきょくは国もほろびてしまう、これからの日本は特別の力をもっているわずかのひとだけではなく、国民ぜんぶが力を合わせていかなければならない。

板垣退助はこういうふうに感じた。そこでかれは、それから、多くのひとびとの力を合わせるために政党をつくり、そして民主政治や議会政治を日本に発達させることに努力する決心をしたというのだ。かれが自由民権運動に一生けんめいになった理由が、このときのかれの決心にあったということはおもしろいね。

ところで、こういうような自由民権運動には、板垣退助だけが活躍したのではない。ほかにたくさんの人がそれに参加した。そしてその力もだんだんに強くなってきた。そこで明治政府も、この運動を頭からおさえつけることができないようになった。つまり、基本的人権の考えや、政治に国民を参加させるという考えを取り入れた憲法をつくらなければならないと考えるようになった。しかし、その場あいでも、やはり前にのべたような理由から、その憲法はあまり国民を強くし、議会を強くするようなものであってはならないというふうに考えたのだった。

そこで、そののち伊藤博文《いとうひろぶみ》というひとが主になって、憲法がつくられるようになったのだが、その伊藤博文は、アメリカや、フランスや、イギリスではなくてドイツに行って研究をして来た。なぜドイツに行ったのかと言えば、そのころのドイツでは、強い力を持った皇帝があって、議会は弱い力しかなく、そして強い軍隊を持って、たいへん勢いのよい国であるというふうに思われていたからだ。そういうドイツの憲法を勉強して、伊藤博文は帰って来た。そして明治二二年に、「大日本帝国憲法」という名前の憲法ができた。それが日本でできた初めての憲法だ。

伊藤博文

この憲法ができた明治二二年という年は一八八九年にあたる。一八八九年といえば君たち、前に話した

一七八九年ということをおぼえているかな。一七八九年というのは、あのフランス革命のあった年だね。あのフランス革命によって、フランスでは「人民の、人民のための、人民による政治」というものができあがったのだった。それからちょうど一〇〇年、日本はおくれたことになるね。しかも、この大日本帝国憲法というのは、あのフランスの憲法のような、人民のための憲法ではなかったのだった。

つまり、こういうことだ。この大日本帝国憲法によって、たしかに民主主義というものを取り入れて議会がもうけられ、また国民の基本的人権もいちおう守られるようになった。これはそれまでの日本の歴史からいうと、とてもとても大きなできごとだ。しかしこの憲法は、同時に民主主義でない制度も、まぜ合わせたものだった。そのために、この憲法は完全な民主主義の憲法ではなかった。「人民の、人民による、人民のための憲法」ではなかったのだ。

だから、たいせつなことはこういうことだったわけだね。この憲法を、「人民の、人民による、人民のための憲法」にするためには、この憲法で、不完全ではあったにしても、みとめられた民主主義をのばしていくということがだいじなことだったわけだ。それからまた、そのように民主主義をのばすことによって、この憲法のもとで、まだおこなわれる心配のあった民主主義でない政治がおこなわれないようにしなければならないということだったのだ。しかし、このことはなかなかにむずかしいことだったのだ。

2　明治憲法

この「大日本帝国憲法」というのを、このごろでは簡単に「明治憲法」とよんでいる。それは明治時代につくられた憲法だからだ。だから、これからはわたしも、このことばを使おう。

さっき言ったように、明治憲法でも、国民を代表する議会をもうけた。国民が選挙をした代議士が議会に出て行って、そこで国民の考えを政治にあらわしていくというしくみは、いちおうみとめられたわけだ。しかしこの明治憲法では、実際の政治をする政府というものが、かならずしもこの議会によってつくられるものとはなっていなかった。議会とは関係なしに、またその議会に出ている政党とは関係なしに、一部の力のあるひとびとが政府をつくるということをみとめていたのだ。それは人民による政治ということではないわけだね。

ところでここで、天皇についてちょっと話をしておこう。君たち、天皇のことを知っているかしら。日本には二六〇〇年も前から、天皇という制度があった。[注9]天皇は前に話した外国にあてはめてみれば、王様と同じだ。そして天皇が日本を治めるものだと考えられていた。そして、天皇にはだれでもなれるというのではなくて、ちょうど君たちでいえば、鈴木とか、佐藤とか、田中とか、近藤とか、いろんな名前のお家があるが、そういう、ある家に生まれた人だけが、天皇になれるということになっていた。その家を皇室という。外国でもそういう制度がないわけではない。フランス革命の前のフランスの王様は、ブルボンという名まえの家のひとが、何代も何代も、王様の位についていたわけだ。しかし日本のように、二六〇〇年もの長いあいだ、その天皇の家がつづいてきたというのは、非常にめずらしいことだったわけだ。天皇の制度が二六〇〇年もの長いあいだ、たおれないでつづいていたということは、やはり、日本のひとびと、つまり君たちの先祖が、天皇をだいじなものに考えていたことにもよるといえるだろう。

天皇はさっき話した徳川幕府の時代でも京都に住んでおられた。ただ政治のじっさいの権力は天皇にはなくて、徳川将軍にあった。そこでさっき話したように、徳川幕府をたおそうということになったときに、それなら、これから政治はだれがするのかという場あいに、そういう長い歴史を持った天皇に、政治の権力をお返しするのが一番よいというふうに考えられたのだった。つまりじっさいの政治をするのは政府だけ

注9　現在では、三世紀に成立したヤマト政権の首長が五世紀ごろから大王（おおきみ）と呼ばれるようになり、七世紀ごろになって天皇の称号が使われ始めたという説が有力。

れども、その政府は天皇の政府であって、大臣も議会も、みんな天皇をお助けするのだというふうに考えた。明治憲法も、こういう考えかたのうえにできていた。そこで、どういうことが生じたかというと、じっさいの政治をやるひとびとが、これは天皇のお考えだということによって、自分たちの考えを、通そうとするようになったのだ。そして、天皇が日本を治めるのだという考えかたが、日本のひとびとには二六〇〇年もの長いあいだ、強くしみ通っていたので、天皇のお考えだという形をとれば、どんなひとも、政府に反対の政党も、議会も、それには従わなければならないというふうに考えやすかったのだ。そうだとすれば、政府がじっさいは自分たちの思うように政治をしていこうという場あいに、天皇の名まえを借り、これは天皇のお考えだというふうにしてやることが一番やりやすいことであったわけだね。このりくつは君たちにもわかるだろうね。

　つまり明治憲法は、議会をもうけ、民主主義の政治をうち立てたように見えたのだが、それはこういう天皇政治のおそれのあるものだったわけだ。そこに明治憲法のもとでの日本の政治が、「人民の、人民による、人民のための政治」にならなかった大きなわけがあるのだ。

たとえば、こういうことがあった。内閣総理大臣というのは、じっさいの政治をやる一番責任のある役目だが、その内閣総理大臣は、明治憲法のもとでは、天皇が任命するということになっていた。その場あい、もちろん天皇が自分で、だれを内閣総理大臣にしたらいいかと、ひとりで考えてきめられたというわけではない。つまり、じっさいの力のある政治家が、だれをこんど内閣総理大臣にしようかということを相談してきめて、そしてそのひとを天皇が任命されるということだったわけだ。しかし、そのようにしてじっさいに内閣総理大臣をきめる力というのは、さっきから話したように、議会の力ではなかったわけだ。議会には関係のない、特別の地位にあり、特別の力を持っている少しばかりのひとびとが、天皇をお助けする内閣総理大臣をきめていたわけだ。そしてそれには議会や、政党や、世論が反対することがあったかもしれないのだけれども、天皇がその内閣総理大臣を任命されたのだとすれば、それに文句を言うことができないということだったわけだ。じっさい、明治二三年に明治憲法がおこなわれてからずっと、何代も何代も、内閣総理大臣には、議会や政党には関係のないひとびとから任命された。そして、そういう内閣総理大臣が、何か問題が起きれば、天皇のお考えだと言って、自分に反対する議会や、政党をおさえつけていたのだった。

しかし、そういうやりかたにたいして、だんだんに反対が強くなってきた。それの有名な事件が、大正のはじめに起きた。大正二年（一九一三年）といえば、きみたちのおとうさんが生まれたぐらいの、ずいぶん前のことだが、その大正二年に、桂《かつら》太郎という陸軍大将《りくぐんたいしょう》が内閣総理大臣になった。桂太郎は、それまで二ども内閣総理大臣になっていた、非常に力のあった軍人だが、この三どめの内閣をつくったときには、いろいろ反対があった。そこで、その反対をおさえつけるために、桂太郎は、なにかと言えば天皇のおことばを出してもらった。たとえば自分に内閣をつくれという天皇の命令が出たときに、特別に、ご苦労だけれど内閣をつくってくれというような、天皇のおことばを出してもらった。また、その内閣に、海軍が反対で、海軍大臣のなり手がなかったときに、自分がねらいをつけていた斎藤《さいとう》という海軍の大将に、また天皇から同じようなおことばを出してもらった。そしてようやく桂内閣ができたのだが、議会も、このようなやりかたにたいして大反対をした。すると桂太郎は、また天皇の御命令だと言って議会をおさえつけようとした。

　このように、なにかと言えば天皇の力にたよって、それで反対をおしきろう、おさえつけようとする桂太郎のやりかたにたいして、非常な世論の反対が出てきたのはあたりまえだった。つまり世論はそういう桂内閣のやりかたは、憲法をやぶるものである。議会政治をこわすものであるということで立ち上がった。その運動の先頭に立ったのが、尾崎行雄《おざきゆきお》というひとだ。尾崎行雄というひとのことを、君たちは知っているだろう。つい去年（一九五四年）まで生きていたひとだ。九十いくつでなくなったのだが、明治二三年に、はじめて議会ができたときに代議士になって、なくなるちょっと前まで、なんどもなんども、何十どという選挙があったけれども、一どもかかさずに代議士に当選していたひとだった。こういう例は、外国にもないと言われ、日本の国宝だなどと

尾崎行雄

言われた人だね。その尾崎行雄は、そのころまだ若かったのだが、この桂内閣に反対する運動の先頭に立って活躍をした。

このとき尾崎行雄が、議会でやった、とても有名な演説がある。これは日本の議会の歴史の中でも、一番有名な演説だということになっているが、その演説で、かれはこう言ったのだった。つまり、演壇《えんだん》から、その横にすわっている桂太郎をゆびさし、大きな目でにらみつけて、

「かれらのなすところを見るに、玉座《ぎょくざ》をもってしょう壁となし、詔勅《しょうちょく》をもって弾丸となし、もって政敵を狙撃《そげき》せんとするものである。」

ちょっとわかりやすく言うと、天皇のすわられるいすのことを玉座というのだが、桂太郎のすることとは、その玉座をバリケードとして、その玉座のうしろにかくれて、そして天皇のおことば、これを詔勅というのだが、その天皇のおことばをピストルのたまにして、自分に反対の人たちをねらいうちするものではないか、ということだね。こう言って、尾崎行雄が桂太郎をにらみつけたときに、桂太郎の顔色がまっさおになり、からだがわなわなとふるえて、あぶなくいすからころがり落ちそうになったとい

うふうにつたえられているわけだ。
こういう尾崎行雄の活躍などがあって、けっきょく、この桂内閣はたおれた。そして、それからのち、桂太郎がやったような政治のやりかたは、だんだんに見られなくなってきた。つまり議会の力が強くなり、議会で一番力のある政党が内閣をつくるというふうにすすんできた。大正のなかばごろから昭和のはじめにかけて、そういう時代がつづいた。この時代が、明治憲法のもとで一番、日本の民主政治がさかんに発展をした時代だということになる。

しかし、そういう時代も長くつづきはしなかった。昭和六年（一九三一年）に満州事変という戦争が起こり、それが支那事変、そして君たちも知っているこんどの太平洋戦争にまでつづくことになった。[注10] このような時代になってくるとまた、政府が強く

注10　満州事変は日本軍が一九三一年に始めた中国東北部への侵略戦争。三七年からは中国との全面戦争となり、当時これを支那事変と呼んだ。それに続く太平洋戦争は、四一年一二月から日本がアメリカやイギリスなどの連合国を相手に行った戦争。四五年八月に日本が敗れて終わった。

犬養毅

なければならない、議会を強くすることは、政府を弱くすることだという考えが高まって来た。そして軍部が、「じっさいの戦争をやるのはおれたちだ。議会や政党の政治家はだまっておれ。」というような調子で、日本の政治にはばをきかすようになってきた。議会の力が、だんだんに弱くなってきたわけだ。

君たち、五・一五事件というのを知らないかしら。これは、昭和七年の五月一五日に起きた事件だが、陸軍と海軍の若い軍人が、そのときの内閣総理大臣であった犬養毅《いぬかいつよし》という八十ほどのおじいさんを、総理大臣の官邸でピストルでころした事件だ。つまり、これらの軍人は、「犬養内閣が戦争をさまたげている。だから、犬養総理大臣をころすことが、日本のためになるのだ。」というふうに考えたわけだ。このとき、総理大臣の官邸《かんてい》の一室で犬養総理大臣は寝ていたわけだが、そこにドヤドヤとくつのままではいってきた軍人にたいして、この老人は、「話せばわかる。話そうじゃないか。」と言ったとつたえられている。ところがかれら軍人のリーダーは、「問答無用《もんどうむよう》、うて。」と言って、その部下にピストルをうたせたと言われている。「話せばわかる」ということばは、これは民主主義のことばだね。物ごとを、おたがいに話し合ってきめていこうというのが、民主主義だからだ。「問答無用」というのは、専制政治のことばだね。話し合いをしないで、ものごとを力でもってきめてしまう、あいての言うことが正しくても、あいての言うことを正しいかどうかを問題にしないで、そのまま力できめてしまうというのが専制政治だからだ。だから「話せばわかる。」と言った犬養首相を、「問答無用。」と言ってたおしたこの陸軍の軍人たちは、民主主義を専制政治でたおしたということになるわけだね。

この犬養毅という人は、さっき話した尾崎行雄とともに、あの大正のはじめの桂内閣反対運動の、やはり先頭に立った人だった。このようにして、とくに軍部の力が、明治憲法のもとで、ともかくもおこなわれていた民主主義の政治というものをたおしてしまったことになるわけだ。

そういう軍部が、日本の政治を支配するようになった。そして自分たちに反対する考えかたは、すべて、国をほろぼすものだ、自分たちだけが国を愛するものだというような考えで、日本の政治を戦争にひっぱっていったのだ。満州事変、支那事変、それからこんどの太平洋戦争、そしてその結果がどういうものであったのかということは、ここでもうわたしが話す必要もないだろう。こういう政治のやりかたをゆるしていたのが、明治憲法だったというわけだ。

3　日本の今の憲法

明治憲法は今まで話してきたような憲法だったのだが、日本の今の憲法はこれとは別の新しい憲法だ。つまり明治憲法は六〇年ばかりつづいたが、今の憲法はそれをすっかりつくりなおした新しい憲法なのだ。それは「日本国憲法」という名まえがついているが、ふつうには、新しい憲法だから新憲法という名前で呼ばれている。この新憲法は、生まれてからまだ八年ぐらいにしかならない。人間にたとえて言えば、君たちよりもまだ子どもだとも言える。この憲法のもとで今の日本のひとびとが生活しているのだが、それは明治憲法とはいろいろな点で完全にちがったものなのだ。

ところで明治憲法は、なぜなくなってしまったのだろう。ひとことで言えば、それはこのあいだの太平洋戦争で、日本が負けたからだ。さっき話したように、軍部や、そのほかの特別の力を持っているものが、日本の政治を動かし、日本を戦争にまでひきずって行き、そして、その結果があの敗戦だったわけだ。戦争に負けたことによって、それまでの日本はすっかりかわってしまった。つまり、それまでの日本の政治のやりかたや、また日本の進みかたがまちがっていたということになり、日本が新しい国家として生まれかわらなければならないということになった。そして、そのためには、それまでの憲法がつくりなおされなければならないということになったのだ。

「大君のために」と戦野に

太平洋戦争は、昭和二〇年八月一五日に日本が連合国に降伏することによって終わった。そのころ君たちは、まだほんの生まれたばかりの赤んぼうか、四つか五つの子どもだっただろう。だからあのころのことは、君たちはたぶん、おぼえていないだろう。しかし戦争に負けたということは、日本にとってほんとうにたいへんなことだった。君たちのおとうさんや、おかあさん、親類の人たちなどは、戦争が終わるまで、ずいぶんつらい思いをされた。君たちのおとうさんや、おにいさんや、親類のひとたちのなかには、軍人として大陸や南方の島じまなどで戦死をされたひともいるだろう。また戦死ではなくても、戦地で病気になってなくなったひともいるだろう。また日本の内地でも家族のひとたちが空襲で死んだひともいるだろう。このように生命をすてたのではなくても、空襲や疎開《そかい》[注11]で家がなくなったり、食物が不足で病気になったり日本中のひとびとが、戦争のためにたいへんな苦しい目にあったのだった。そういうなかで、まだ小さかった君たちをそだててきたおとうさんや、おかあさんのご苦労はほんとうにたいへんなものだったのだよ。

　しかし、こういう戦争が終わったのも、いまではもう一〇年も前[注12]のことになったから、戦争の思い出もだんだんうすくなってきているけれども、あのような、みじめな戦争と敗戦をもたらしたのは、軍部やそのほかの力が日本の政治をひきずっていたからだったのだ。だから二どとあのような戦争をくり返してはならないというためには、そのような政治がおこなわれていた明治憲法をやめてしまって、すっかり新しいものに変えてしまうということが、どうしても必要だということになったのだった。

今の憲法、つまり新憲法はこういうわけで生まれた。今の憲法ができるときには、日本を占領していた連合国、しかもこの中で一番大きい力をもっていたアメリカの強い力がはたらいていたということはたしかだ。つまり日本を占領していたアメリカのマッカーサー元帥がこういう憲法を日本はつくらなければならないということを命じたのだった。そしてこのマッカーサー元帥の意見をもとにして、今の憲法がつくられたのだった。しかし、このように今の憲法が、占領軍の強い力によってできたものであるとしても、この今の憲法が、さっき話したように、日本が新しい国として生まれかわるために、新しい理想をはっきり定めようとしてつくられたものだということは

注11　空襲による被害を少なくするため、都市部の住民が農村などに移り住むこと。
注12　一九四五年。

爆撃でもえる東京

わすれてはならない。その理想とは何だろう。それは、平和ということと、民主主義ということと、国民の基本的人権ということの三つなのだ。

つまり、もしもマッカーサー元帥が、こういう憲法をつくれということを命じなかったとしても、二どと戦争をくり返さず、国民の考えに反した政治がおこなわれず、また国民の自由がおさえつけられない、そういう新しい国として生まれかわるというために、今の憲法のような憲法がどうしてもつくられなければならなかったのだ。このことがたいせつな点なのだ。

それなら、今の憲法はいったいどんなことをきめているのだろう。それはさっき話した三つのことがらなのだが、それらについて少し話そう。もっとも、それらをくわしく勉強することは、君たちがもっと大きくなってからでもいいことだ。しかし、これからお話しすることぐらいは君たちでもよくわかることだし、また君たちでもおぼえていなければならないことだ。そのつもりで、しっかり聞いてくれたまえ。

さっき言ったように、明治憲法のときにおこなわれたような政治を、二どとくり返さないというために、今の憲法は、民主主義の政治、基本的人権の尊重《そんちょう》という二つのことを、非常にはっきりと定めた。政治のしくみの方からいうと、議会の力を強いものにした。憲法の規定をちょっというと、第四一条という規定に、「国会は、国権の最高機関である。」ということがきめられている。つまり内閣よりも国会が強く、国の政治をやっていくうえに、国会が一番強い力を持っているのだということだ。

たとえば前に話した内閣総理大臣が、どういうふうにしてきまるかというしくみだけについていうと、今の憲法では、内閣総理大臣は国会がきめる、しかも内閣総理大臣になるひとは、国会議員でなければならないということになっている。国会議員でなければならないということは、前の憲法のときのように、軍人や、議会には関係のないひとが内閣総理大臣になることがないということだ。国民から選挙された代議士が内閣総理大臣になるということだ。そして、それを国会がきめるのだから、国会の中で一番力のある政党、つまり、選挙のときに国民の投票の一番多かった政党つまり一番多くの国民の意見を代表している政党から、内閣総理大臣が出るというしくみになっているわけだ。

こういうしくみがはっきりときめられているから、前に話した大正のはじめの桂太郎のように、議会とは関係のない軍人が、議会や世論の反対をおしきって内閣総理大臣になるというようなことは、もう起こらないわけだ。今の憲法ができてから、内閣はいくつかできたけれども、その総理大臣はいつも国会で一番多くの代議士をもっている政党からえらばれた。ついこのあいだも、二回目の鳩山《はとやま》内閣[注13]ができたことを君たちも知っているだろう。鳩山一郎というひとは民主党という政党の総裁なのだが、このあいだの選挙でこの民主党が一番多くの投票をえたので、国会が鳩山一郎を内閣総理大臣にきめたのだ。

今の憲法は、それから国民の基本的人権が、何よりも大切な尊いものだということを、非常にはっきりときめた。つまり、内閣も、議会も、国民の権利や自由をむやみに制限したり、うばったりしてはならないということが、明治憲法よりもずっと強く定められた。

人間の尊さということが第一だということが、この憲法の中にはっきりと定められている。第一一条という規定をみると、「国民は、すべての基本的人権の享有《きょうゆう》を妨げられない。この憲法が国民に保障する基本的人権は、侵すことのできない永久の権利として、現在及び将来の国民に与えられる。」と書いてある。

この文章は君たちにはちょっとむずかしいかも知れないが、だいたいの意味はわかるだろう。つまり、だれも国民の基本的人権をじゃましてはならない、この憲法によって日本の国民が持つことになった基本的人権は、絶対におさえつけられたり、ふみにじられたり、取り上げられたりすることがなく、いつまでもいつまでも、たいせつに守られるものであり、今の日本の国民だけでなく、これから生まれてくる日本の

注13　一九五五年三月から一一月まで続いた第二次鳩山一郎内閣のこと。

人間はだれでも同じだ

国民にもあたえられるものである、という意味だ。

また第一三条という規定には、「すべて国民は、個人として尊重される。」と書いてある。つまり国民は、どんな金もちでも貧乏人でも、どんな職業についているひとでも男でも女でも、そういうことには関係なく、みんな人間としての尊さ、値うちを持っているものなのだから、みんなそれぞれ、ひとりの人間としてたいせつなものだ、ということだ。だから、国の政治がおこなわれる場あいには、これらすべてのひとびとの基本的人権が一番尊ばれなければならないというわけだ。

それからもうひとつ、第九七条をみると、次のように書いてある。「この憲法が日本国民に保障する基本的人権は、人類の多年にわたる自由獲得の努力の成果であって、これらの権利は、過去幾多の試錬に堪え、現在及び将来の国民に対し、侵すことのできない永久の権利として信託されたものである。」

この文章も少しむずかしいかも知れないが、このなかで、「基本的人権は人類の多年にわたる自由獲得の努力の成果であって、」といっている点が非常にたいせつなことだ。つまり、前に話したように、基本的人権というものが長い長い人間の歴史のあいだに、自由というものを自分のものにしようという君たちの先祖のひとびとの血となみだの努力によってかちとられたものだということをはっきりとあらわしているわけだ。このことは前に、イギリスや、フランスや、アメリカの歴史のところでくわしく話したから、君たちもよくわかっているはずだ。そこで話したように、この憲法が「人民の、人民による、人民のための憲法」としてつくられたということが、これでよくわかっただろうね。

ところで、明治憲法で定められていた天皇政治のことは、この今の憲法ではどうなっただろう。今の憲法も、天皇の制度をやめたわけではない。しかし明治憲法のときのような天皇の制度をみとめると、前に話したように、それが、民主主義をおさえつけることにつかわれることになる。そこで今の憲法では、天皇の制度は残したけれども、前のものをそのままではなく、大きく変えている。つまり、天皇が日本を治め、内閣や議会はそれをお助けするというのではなくて、日本の国を治めるのは国民であり、議会も、内閣も、その国民に代わって実際の政治をおこない、天皇は、国の政治には関係しないものだということにしたのだ。こうすることによって、明治憲法のときのように、実際の政治家が、なにかというと天皇のおことばだとか、天皇のお考えだとかと言って、つまり、天皇を利用して、むりやりに自分たちだけのためになるような政治をやっていくというようなやりかたができなくなるわけだ。このりくつは君たちにもわかるだろう。

天皇は今の憲法では、日本の国の「象徴《しょうちょう》」だということになっている。象徴ということばはむずかしいのだが、今まで話したように、国の政治には関係しないという天皇のことを、象徴ということばであらわしているのだ。君たちの学校には、学校の旗があるだろう。君たちのぼうしには、学校の記章がついているだろう。旗も記章もみんな君たちの学校の象徴なのだ。つまり旗が学校の象徴だというのは、旗は学校をあらわしており、そして君たちがだいじにするものだということだ。君たちは学校の旗を大事にするだろう。学校の記章を石でつぶしたりなんかしないだろう。それと同じように、天皇は日本の国にとって、だいじなものだということなのだ。

そして、天皇が、そのようなだいじなものと考えられるためには、天皇が、じっさいの政治に関係するということがあってはならないのだ。このりくつはわかるかしら。つまり、明治憲法のときのように、天皇が日本の国を治めるものだということになっていると、さっき言ったように、政府のじっさいの政治家が天皇の力を借りて自分の政治をやろうとする。そこで、それに反対のひとびとが、それを攻撃する。すると政府は、その反対をおさえるために、また天皇の力を借りるようになる。こうなってくると、天皇がじっさいの政治のうずまきの中にまき込まれるということになるわけだ。そして、そういう政治に反対のひとびとは、そんな政治がおこなわれるのは、みんな天皇がそうきめられたためだというように考えて、天皇にたいしても反対するようになってくる。そうすると、せっかく二六〇〇年もの長いあいだ、日本の国にとってだいじなものだとされていた天皇が、じっさいの政治のどろにまみれて、よごれてしまうということになってくるわけだ。

だから今の憲法では、じっさいの政治は、すべて内閣や議会が、国民に代わって自分でやるのであって、天皇はじっさいの政治には何も関係しないというしくみにしたわけだ。そうすれば天皇は、じっさいの政治のどろにまみれることにならないで、日本の国民から、だいじにされ、親しまれることになるわけだね。

けっきょく、今の憲法が天皇のことについてこのように定めたのは、いままで長いあいだつづいてきた天皇という制度をなくさないことにした一方、これからは日本の政治は国民が自分で責任を持ってやるのだ、ということをはっきりさせ、前のように天皇の力を借りて政治がおこなわれることにならないようにしようとしたためだといえるわけだ。つまり、日本の政治は国民が自分で責任を持ってやる。そして、その国民の考えは選挙によってえらばれる国会によって代表される。そこでその国会が、前に言ったように、国の政治の中心となる。そして内閣はその国会のきめた方針に従って、いろいろの、じっさいの政治をやっていく。国会が代表している国民の考えが政治の一番のもとになるものなので、前のように天皇の力が政治の一番もとになるものではないのだ。こういうことが今の憲法の考えかたなのだ。

ところで前にわたしは、世界の国ぐにの憲法は、「人民の、人民による、人民のための憲法」という方向にすすんできたということを話した。今の憲法は、その方向をはっきりと目ざしているものであり、またそれを実現しようとしているものだということがわかるだろう。前にリンカーンの「人民の、人民による、人民のための政治」ということも説明した。今の憲法はそれを目ざしているのだ。

今の憲法の一番はじめにある文章を読んでみると、ことばはリンカーンのことばとはちがうけれども、それと同じことが書かれている。ちょっと読んでみようか。

「そもそも国政は、国民の厳粛《げんしゅく》な信託によるものであって、その権威は国民に由来し、その権力は国民の代表者がこれを行使し、その福利は国民がこれを享受《きょうじゅ》する。」と書いてある。この文章もまた、ちょっとむずかしいけれども、わかりやすく言うとこういうことだ。いったい国の政治というものは、ほんとうは国民が自分でやるものなのだけれど、それをじっさいの政治家や、議会や、国会などを信頼して、あずけたものである。国の政治の力はどこから出てくるかといえば、それは国民から出てくる。国の政治をおこなう力は、だれがじっさいにおこなうのかといえば、それは国民の代表者がおこなうものである。そしてその政治の結果の利益は、国民が受けるものだ、ということだ。

国の政治の力が、国民から出てくるということは、リンカーンのことばによれば「人民の政治」ということであり、国の政治の権力は、国民の代表者がおこなうということは「人民による政治」ということであり、国の政治の結果の利益は国民が受けるということは、「人民のための政治」ということなわけだね。

今の憲法が、リンカーンの言った「人民の、人民による、人民のための政治」ということを目ざす憲法だということ、つまり「人民の、人民による、人民のための憲法」としてつくられたものだということが、よくわかるだろう。

4 日本の今の憲法のどこをほこってよいか

いままで話してきたように、今の日本の憲法は、これまで人間が、長い長い歴史のなかで、努力してつくり上げようとしてきた憲法と同じものだと言ってもいい。前の明治憲法ではまだ不十分だった。それを今の憲法はずっと完全なものになおしたのだ。

その意味で、君たちもこの日本の憲法をほこってよいのだ。だけど、今まで話してきたことのほかに、もうひとつ、君たちがどうしてもわすれてはならないことがある。そして、それこそが日本の今の憲法の中で、日本の国民が一番ほこってもよいことなのだ。

それはなんだろう。それは平和という

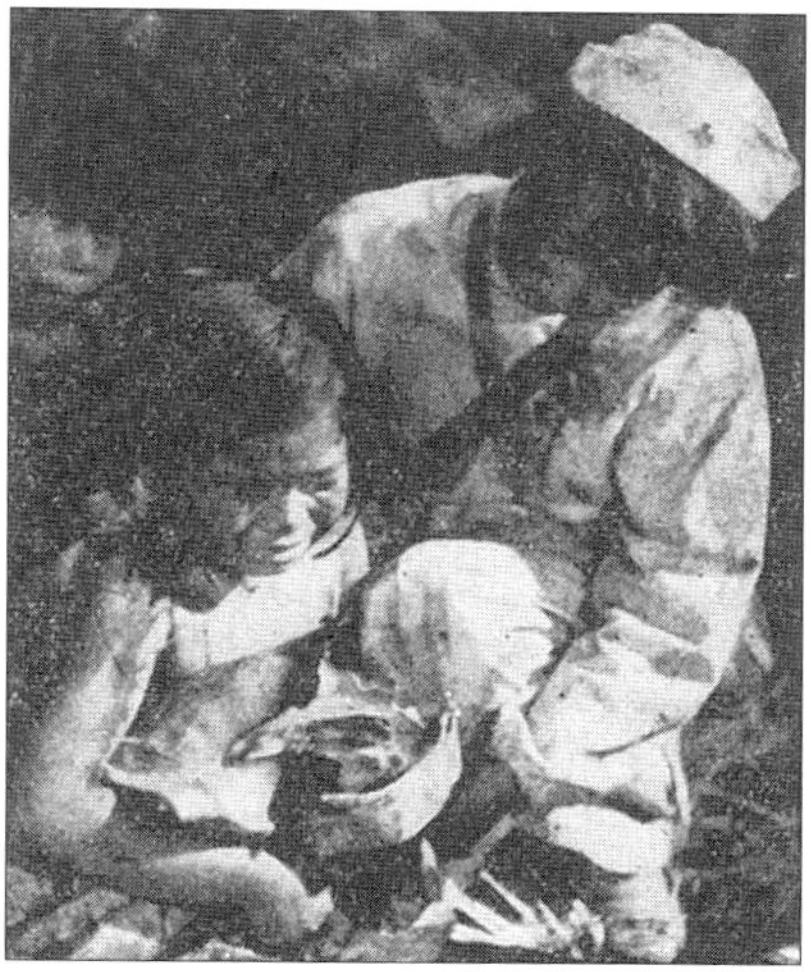

原爆で傷ついた広島の子ども
戦争はなんの役にもたたない

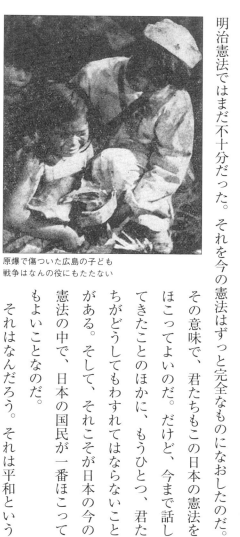

ことだ。この憲法が、日本は二どと戦争をしないということをはっきりきめたことだ。

君たち、こういうことを考えてごらん。わたしは今まで、ほんとうの憲法というのは、人間の幸福を守るための憲法だということを、何ども言ってきたね。つまり、何か強い力によって、むりやりに人間の幸福がやぶられることがないように、社会の規則がつくられ、それが国という一番大きな社会の憲法としてつくられるようになったのだということを言ってきたね。このことは、ほんとうの憲法というものが、平和のためのものだということにもなるのだ。人間の社会のなかに何かごたごたが生じたときに、それをむりやりに力で解決するのではなくて、おたがいに意見をのべ合い、しかも、おたがいにあいての言うことを尊重して、つまり、あいての値うちを尊重して、正しい解決の方法をさがしもとめ、そのごたごたを平和に解決をしていこうということが、社会の規則の目的でもあり、また憲法の目的でもあったわけなのだ。

君たちのクラスでもわかるだろう。君たちのクラスはみんな、なかよく、楽しく勉強したり遊んだりしているだろうけれども、何かそこにごたごたが生まれることもあるだろう。そういうときに、だれか一番力の強いやつが、それを腕力できめてしまうというこどでは、クラスのみんなの幸福が、たもたれないし、クラスが平和に成長していくということもできないわけだ。そういう場あいにも、クラスのみんなが、おたがいに意見をのべ合い、おたがいにあいてを尊重して、平和のうちにごたごたを解決していこう。そのための規則がクラスの規則なわけだね。

ここでもうひとつ、わたしがずっと前に話した弱肉強食ということを思い出してくれたまえ。大むかしの人間の野蛮《やばん》な時代は、そのときに話したように、弱肉強食の時代、つまり腕力の強いものが勝つという時代だった。しかし、これではだめだ、これではみんなの幸福がたもてないということで、そこに規則というものが生まれてきたわけだ。それが人間の社会の第一の進歩だったわけだね。そのようにして、部落なら部落の平和が、その規則によってたもたれるようになった。

しかし、それはその部落の中の話だけだ。となりの部落と、その部落とのあいだに何かいざこざが生じたというときにはどうしただろう。そのときは、その二つの部落のあいだの争いは、戦争によって解決されるというよりほかなかったわけだ。そして、強い部落が弱い部落を力で征服をする。そのようにして、部落がだんだんに大きくなり、たとえば藩というものができる。そしてその藩という社会の中には、やはり平和のための規則ができた。しかし、こんどは、となりの藩とのあいだに、ごたごたが生じたときには、やはり藩と藩とのあいだの戦争になった。そして強い藩が勝ち、そういう強い藩が、さらに大きくなって、国家というものになってきたというふうに考えてもいい。そして、その国家の内部には、その平和のための規則、つまり憲法ができた。こういうのが世界の、あるいは人間の今までの発達のじゅんじょなのだ。

ところが、このようなところでは、なるほど、すべての国はその国の内部で、平和のための憲法を持っている。しかし、国と国とのあいだに、何か争いが生じた場あいには、やはりそれは最後には戦争によって解決するというほかはない。国家はそういう最後の場あいには、戦争という方法で、ものごとをきめる権利というものを持っているのだと考えられていた。それが今の世界の発達の段階なのだ。

なるほど、国際法というものがある。国と国とのあいだにごたごたが生じた場あいには、できるだけおたがいの話し合いで、平和のうちにそれを解決しようというために、いろいろのことがらをきめられている。しかし、そういうごたごたが、そういう国際法という規則でも、どうしてもきまらないという場あいには、つまり、どうしてもだめなときには、国家は戦争という方法で自分の意見を通すことができるというふうに考えられているわけだ。そしてそのためには、すべての国家が強い軍隊を持ち戦争にそなえてきたわけだ。

しかし君たち、いったいこれでいいのだろうか。そういう今までの考え方が、国と国とのあいだの戦争を生み、そして、このあいだの第二次世界大戦になったということ、また、その第二次大戦で、さっき話したように、日本の国民はほんとうに苦しい思いをしたこと、あの戦争が日本のわたしたちのうえに、とてもとても大きな不幸をもってきたということは、今ではだれもが知っている明らかなことじゃないか。

しかも君たち、戦争のこのような不幸は、日本だけにきたものではないのだよ。日本と同じように、あの戦争で負けたドイツやイタリアのひとびとも同じ不幸をうけたし、また最後には、あの戦争で勝利をしめた連合国のがわの国ぐにでも、イギリスやフランスや、ソビエトなどでは、負けた国ぐにと同じくらいにたくさんのひとが死に

日本の憲法は、もう二どと戦争をしない。そして戦争に必要な軍隊をもたないためにできたものだ。

国土は破壊された。アメリカだけは本土が戦場になることはなかったけれども、やはりドイツとの戦争や日本との戦争で、アメリカの兵士たちはたくさん生命をすてた。

　つまり戦争というものの不幸は、けっして負けた国だけにあるのではないのだ。勝った国も負けた国も、戦争に参加する国はどんな国も、同じように不幸をうけるものなのだ。だから二どとそういう戦争をくり返さないようにしようというのは、けっして負けた国のひとびとだけが考えることではない。すべての国のひとびとが、戦争はもうやめようという気持をもたなければならないのだ。

　そして、しかもあの戦争は、広島と長崎にあの原子爆弾が投下されたことによって、ようやく終わった。世界のひとびとの中で、原子爆弾をはじめて経験したのが、それがわたしたち日本国民なのだ。わたしたち日本国民が、もうあのような戦争はやめよう、あのような戦争をくり返し、原子爆弾をくり返すことは、人類の幸福と文化をねこそぎにすることになる、もう二どとあのような戦争はくり返してはならない、というように考えたのは、それこそあたりまえのことだと言えるだろう。つまり、世界のすべての国のひとびとは平和をねがっているのだが、そのなかでも、わたしたち日本国民が、一番大きな声で、もう戦争はやめようと叫ぶことができるわけなのだ。

そこで日本の憲法が生まれたのだよ。戦争を放棄《ほうき》するということをはっきりときめた今の憲法が。放棄というのは、思い切って捨ててしまうということだ。日本の国民は戦争を放棄する。そして戦争のために必要な軍隊は、いっさい持たないということを、今の憲法がきめたのだ。

つまり、こういうことだよ。今までの人間の努力は、それぞれの社会の平和を、しっかりしたものにしようというための努力だったわけだ。このことはさっきも言ったね。そして、それが部落の平和から藩の平和へ、そして国の平和へ、という方向で実現してきた。国の平和をしっかりしたものにするために、世界の各国は憲法をもつようになった。それが今まで人間がつくり上げてきた平和なのだ。

ところが、そういう平和への努力で、まだなされなければならないことが、もうひとつ残っている。それはさっき言った、国と国とのあいだの戦争、それをもやめてしまわなければならないということだ。つまり、それぞれの国よりも、もうひとつ大きな社会である世界、それはたくさんの国ぐにからなり立っているのだけれど、そういう世界という一番大きな社会の平和をも実現するということが、今までの人間の努力の、もうひとつ残っている最後の大きな仕事なのだ。それを日本の憲法はやろうというわけなのだよ。つまり、世界のすべての国は、どんなごたごたが生じたとしてもそれを絶対に戦争によって解決してはならないということを、まず日本がやろうというわけなのだ。今まで人間があゆんできた平和への努力を、それをもう一歩、世界というところにまで、進めようというわけなのだよ。

今の日本の憲法の中で、ほこってよいことは、まさにここにあるのだ。基本的人権とか、民主主義とかいうことは、これは今まで、日本がおくれていただけのことなのだ。それを今の憲法で、ほかの国に追いついたということなのだ。だけど、平和だけはちがう。戦争放棄の点だけはちがう。それはほかの国ぐにはまだしていないことなのだ。それを日本がやろうというわけだ。日本がおくれていたのではない。ほかの国が日本よりもおくれているのだ。ほかの国が、その点では日本のまねをしなければならないことなのだ。それが今の憲法の中で一番わたしたちが、君たちが、世界に向かってほこってよいことじゃないだろうか。

四　憲法を守るということ

1　憲法をやぶろうとするもの

今まで、日本の今の憲法のことを話してきた。今の日本の憲法は、りっぱな憲法だ。このりっぱな憲法をわたしたちは守らなければならない。しかし、もちろんどんな憲法でも守られなければならないのだ。ところが、憲法が守られないことがないでもない。ちゃんと憲法でいろいろなことがきめられていても、それがやぶられることがある。つまり憲法がきめていることが、ちゃんとおこなわれないことがある。それではせっかく憲法をつくったことが、なんにもならなくなる。だから、りっぱな憲法をつくるということは、もちろんたいせつなことなのだが、その憲法をしっかりと守るということもまたたいせつなことなのだ。

ちょっと話を変えよう。君たちのクラスの規則でも、ときどきやぶられることがあるだろう。どんな場あいにやぶられるか。たとえばクラスの規則で、何かの役目がきめられることがあるだろう。そしてだれかが、その役目についたとする。するとその役目のひとはその規則を守らなければならないわけなのだが、そのひとがかえって規則をやぶることがある。たとえば図書委員というような役目があって、君たちのクラスの図書のことを責任を持ってやらなければならないということになっていることがあるだろう。ところが、その図書委員が、規則できめられたことをやらない場あいがある。そういうときに規則はやぶられる。

また、何か事情がかわってきた、だから規則はやぶってもいいのだというようなこともあるだろう。たとえばお当番のことを規則がきめている。順番にクラスの全員が当番をしなければならないということがきまっているとする。ところが、野球のシーズンになって、授業が終わると、野球のチームの選手たちは練習をしなければならないということになる。すると、事情がかわった、だから野球の選手たちは、当番をしなくてもいいのだなどと言って、当番の規則がやぶられることがあるだろう。

あるいは、規則がうまくできておらないために、それをむりにねじまげて解釈して、自分のつごうのいいように動かしてしまうというようなこともあるだろう。これはクラスの規則にかぎらない。どんな規則でも、規則をつくるときは、どんなことが起きてもこの規則でやっていくというふうに考えて、いろいろくふうをして規則をつくるわけだけれども、いざつくってみると、そのときには考えなかったようなことがらが起きてくる場あいが多い。そういうときには、なんとかむりに、その規則を解釈をして、へりくつをつけてやっていくということが多いものだよ。そんなときに、その規則がつくられたときの考えとはちがうように、その規則が動かされることがあるわけだ。

おもしろい話をしようか。せまい道があった。そこはようやく人が通れるくらいのせまい道だった。そこに馬をつなぐと人が通れなくなる。そこで町のひとびとが規則をつくった。なんという規則をつくったかというと、「ここに馬をつないではいけない」という規則をつくった。そして、その規則を立てふだに書いて、だれでも見えるように、そこに高だかとかかげておいた。するとここに、牛をひっぱった人がやって来た。そうしてむりにそこに牛をつなごうとした。そこで町の人が、

「この立てふだが見えないか。」

と言ったところが、その人は、

「ここには馬をつないではいけないとは書いてあるが、牛をつないではいけないとは書いてない。」

と言った。これは規則をへりくつで解釈した場あいの一つの例だね。つまり、こういうことだ。馬をつないではいけないということは、馬のような大きなものをつなぐと人が通れなくなるから、馬をつないではいけないというわけだ。つまり、馬でなければ、牛だとか、あるいは象のような大きなものをつないでもいいということではないわけだね。だから、そういう場あいには、牛とは書いてなくても、馬と同じくらいの大きさの牛も、つないではいけない、象のようなもっと大きなものなら、もちろんつないではいけない、というふうに、その規則を解釈しなければならないわけだ。馬とは書いてあるが牛とは書いてないから牛をつないでもよいのだとがんばって、むりを通そうとしたのは、だから、正しい解釈ではなくて、へりくつだということになるね。そういうへりくつが、いろんな規則、憲法の場あいにもつかわれて、むりな解釈がなされることが多いのだ。

憲法の場あいには、だから、こういうことになる。憲法を守らなければならないはずの国会や内閣が、かえって憲法をやぶろうとすることがある。事情がかわったということで、憲法がやぶられようとする場あいがある。また、へ、り、く、つをつけて、憲法がつくられたときとは別のように憲法が解釈され、むりやりにねじまげて憲法が動かされるということがあるわけだ。

憲法がどのようにしてやぶられるかという場あいには、次のようなことを考えることが必要だ。それはどういうことかというと、むかしの専制政治の時代の王様のようなやりかたで憲法がふみにじられるというようなことは、今ではめったにないということだ。つまりそのような時代では、王様はほんとうにどんなことでもできないことはなかった。だから、もしも王様の政治に反対する者があったとすれば、かれは自分の考えを通すために、かれに反対のひとびとをつかまえ、ころしてしまうこともできた。

また、これとは反対に、たとえばフランス革命のときのように、人民のあいだに、政府に反対の考えが強くなってきて、人民が武器をとって立ち上がり、政府のひとびとをつかまえたり、ころしたり、政府の建物を占領したり、つまり武力によって政府を打ちたおすというようなやりかた、つまり革命という方法で憲法をやぶってしまうというようなことも、今ではめったにない。

つまり、今まで何ども話したように、今の世界の国ぐにの憲法は、だれかひとりの人間に絶対的に強い権力を持たせているのではなく、また、もしも政治のやりかたについていろいろの考えの争いがあるにしても、その争いを力で実現するのではなく、平和な方法で、それぞれの考えが政治のうえにあらわれるようにしようとしているものなのだからだ。日本の憲法でいっても、内閣というものはつまり政府といってもよいわけで、内閣がかわるということは、古い政府が新しい政府にかわるということと同じなのだ。専制政治の時代には、政府をかえるというためには革命という方法しかなかったのだ。だから、ことばをかえて言えば、日本の憲法の場あいでも、前に話したように、選挙の結果によって新しい内閣がつくられるということは、むかしならば革命であったことを平和な方法で実現するということだともいえるわけだ。

こういうわけで、今の世界の国ぐにでは、内乱や革命のようなやりかたで、憲法がやぶられるというようなことはめったにない。もしも憲法できめていることを気にくわないと思い、また、おなかのなかではこんな憲法なんかじゃまものだと思い、憲法をふみにじって、自分の思うように政治をやろうと思っている者があるとしても、かれはおもてむきでは、いかにも憲法を守り、憲法のきめているところにちゃんと従って政治をやっているようなかっこうをしていることが多い。つまり、形のうえでは、いかにも憲法を守っているようなみせかけをしていながら、じつは憲法をやぶっているというようなことがあるのだ。そういう場あいに、前に話したようなへりくつの解釈がなされるということにもなるのだ。

それともうひとつ、こういうこともある。ずっと前に話したように、憲法というものは国の規則のそのまた規則、つまり国の規則のなかで一番もとになる規則だ。ということは、憲法だけでは、国の政治についての何から何までもは、きめることはできないということだ。これも前に話したように、大むかしの人間の社会とはちがって、今の人間の社会面はとてもややこしく、国のはたらきも、それにつれて非常にややこしくなってきている。だから、たとえば日本の今の憲法などは、ぜんぶで一〇三条もあって、相当にこまかいことまできめているけれども、この憲法だけでは国のはたらきはできない。それはちょうど、君たちの学校でも、校則だけではなくて、クラスの規則だとか、図書館の規則だとか、ＰＴＡの規則だとか、校則の下にたくさんのこまかい規則がつくられているのと同じだ。

つまり憲法はごく大きな、だいじなことだけをきめているもので、こまかいことは、たくさんの法律や命令できめられているのだ。こういう法律や命令がなければ、憲法できめていることは、じっさいにはおこなわれないというわけだ。その意味で、憲法ももちろんたいせつなものだけれども、法律や命令もまた非常にたいせつなものだということになる。今の日本でも、いったいどれほどの法律や命令があるかということは、ほとんどかぞえ切れないほどなのだ。そして、こういうたくさんの法律や命令が、憲法に反してはならないということになっているわけだ。このことはちょうど君たちの学校で、クラスの規則が、校則に反するようなことをきめてはいけないということと同じわけだ。

ところが、じつはときどき、法律が憲法に反するようなことをきめてしまうことがないわけではない。もしそうなると、憲法がその法律によってやぶられるということになる。

それではいったい法律とはなんだろう。法律というのは議会がつくる規則だ。そして憲法が大ざっぱにきめていることを、くわしく、こまかにきめるものだ。日本の今の憲法でも、国会が法律をつくるということがきめられている。つまり、憲法のきめていることだけではたらないから、こまかいことは法律できめるのだが、その法律を国民とは関係のないものがかってにつくるのだとすれば、それによって国民の権利や自由や幸福が守られないことになる。しかし、そうだからといって、何千万人もいる国民のぜんぶが相談して法律をつくるというようなことはできない。そこで国民の代表である国会によって法律がつくられることになっているわけだ。君たちの学校でも、たとえばクラスの規則をつくろうというときに、クラスの全員では数が多くてまとまらないから、クラスの全員が委員を選挙して、その委員が相談してきめたことに従うというようにすることがあるだろう。国会が法律をつくるというのも、それと同じりくつなわけだ。ところが、この国会のつくる法律が憲法のきめていることに反するような場あいがないでもない。そうすると憲法はやぶられることになる。もちろんこの場あいにも、国会は、この法律は憲法に反する法律だというようなことをはっきりと言って、その法律をつくるわけではない。おもて向きはその法律はけっして憲法に反していない、りっぱな法律だといっているわけだ。しかし、じっさいは、そこでも前にいったようなへりくつをつけて、実は憲法に反するような法律がつくられているということがあるわけなのだ。

それではいったい、どういうぐあいで国会で憲法に反するような法律がつくられるのだろう。多数決とか選挙とかが、そこに関係する。このことを次に話してみよう。

2　多数決と選挙

君たちは多数決ということばを知ってるだろう。かんたんにいうと、ものごとをきめるときに数できめるということだ。君たちのクラスでも何かものごとをきめようとしても、いろいろの意見が出て、クラス全員が一つの考えにまとまらず、なかなか結論が出ないということがあるだろう。そういうときに「多数決できめよう。」ということになって、投票をする、または手を挙げる、そして投票の数の多かった方、または手を挙げたひとの数が多かった方の意見でものごとをきめる。こういう方法を多数決というのだ。

つまり、多数決というのは、けっきょく、数が多い方が勝つというやりかただ。そして、なぜこのような方法がおこなわれるかといえば、ひとびとのあいだには、いろいろな考えや意見があって、みんなが満ぞくするような結論を出すことはなかなかむずかしく、それをやろうとすると時間もかかる。だから、しかたがないから数できめようというわけだ。

こういうわけで、この多数決という方法が、たくさんのひとでものごとをきめる場あいの一番よい方法として広く用いられるようになっているわけだ。

つまり、専制政治の時代のように、だれか絶対的に強い人間がいて、その人間の言

国会の中

うことには、ほかのぜんぶのひとびとが従わなければならないというようなやりかたは、できるだけたくさんのひとびとの考えを尊重しようという民主主義の時代には用いることができない。しかし、それだからといって、たくさんのひとびとが議論ばかりしていると結論を出すことができない。こういうわけで、最後には多数決でものごとをきめるよりほかはないということになったわけだ。

今の世界の国ぐにの議会でも、みんな多数決の方法が用いられている。日本でももちろんそうだ。つまり前に話したように、国会が内閣総理大臣をえらぶときも、それから法律をつくるときも、そのほかのいろいろのことをきめるときにもみんな多数決できめているのだ。このことも憲法が定めている。

つまり、国会は衆議院と参議院の二つの議院でできており、法律をつくる場あいにも、一方の議院だけではきめられず、両方の議院の意見が一致しなければならないのだが、この二つの議院でそれぞれその意見をきめる場あいには、それぞれ、会議に出席している議員の過半数の賛成がなければならず、もし賛成と反対がちょうど同じ数になってしまったというようなときには、議長がきめたとおりになる、ということになっている。過半数ということばはわかるだろう。たとえば衆議院に三〇〇人出席していたとすれば一五一人が過半数だ。賛成も一五〇票、反対も一五〇票というように分かれたら議長がきめるというわけだ。参議院でも同じことだ。

ところで、国会でこういうふうにある法律をつくるというような場あいに、賛成と反対に分かれる場あいのその数というものは、国会にえらばれて出ている議員の政党別の勢力と同じであるのがふつうだ。つまり、たとえば出席議員三〇〇人のうち、甲という政党に属している議員が二〇〇人、乙という政党に属している議員が一〇〇人だったとすると、その法律に甲という政党が賛成で、乙という政党が反対だったとすれば、二〇〇票対一〇〇票ということで、票数が分かれることになる。

政党というものは前にも話したように、ある政治上の意見を持っているひとびとが集まってつくった団体で、その意見で国の政治をやっていこうというものだ。だから国会議員の選挙のときに、それぞれの政党から候補者が出て、自分はこういう政治のために国会に出て行きたい、この方針に賛成なひとは自分に投票をしてください、というようにして議員がえらばれてくるわけだ。だから、選挙の結果、甲という政党が乙という政党よりもたくさんの数の議員を出すことができたとすれば、甲という政党に賛成した国民の数の方が多かったということになる。だからその甲という政党の意見に従って法律ができるということは、つまり国民の多数の考えで法律ができるということになるわけだ。そこで国会での多数決が、けっきょく国会のなかで多数の議員をもっている大きな政党が勝つというしくみだということがわかるだろう。

つまり政党というものは、どの政党でも国民のなかにあるいろいろな意見や考えを代表している。そこで、自分の考えで政治を動かしていこう、またそれが国のため、国民のためにも一番よい政策なのだというふうに考えている。だから、たいていの場あいは、国会でいろいろのことをきめる場あいにも、一つの政党はそれに賛成するし、他の政党はそれに反対するということになる。もちろん、どんな政党でも反対のしようがないようなこともないわけではない。それはどんな国民も賛成だというような、はっきりした場あいだ。たとえば、日本のために非常に大きなはたらきをしたというような偉いひとを国会で表彰しようとしたとすると、そのひとの功績が、だれがみても文句がないというようなときならば、どの政党もそれには賛成する。だから反対は一票もなく、全員が賛成、つまり全員一致ということになる。

しかし、こういうようなことはあまりない。むしろ法律をつくるというような場あいは、その法律が国民にとって重要な法律であればあるだけ、その法律についてはいろいろな意見があり、この法律はどうしても必要だという意見もある一方、こんな法律は絶対につくるべきではないという反対の意見もあるわけだ。そして、それが甲という政党と乙という政党の意見のちがいになるということになる。

またそこで、その法律が憲法に反するのではないかという問題も起きる場あいがある。そしてそういう賛成と反対が、けっきょく多数決できめられ、賛成の票数が一票でも多ければ、多い方が勝って、その法律ができあがるということになる。

法律が国会の多数決でつくられるということは、今まで話したようなことなのだ。そこで、国会で、どれかの政党がひとりでも多くの議員をもっていれば、つまりとにかく一票でも多ければ、その政党、つまり多数党の思うように法律もつくれるし、ほかのこともきめることができるということになる。だから、もしもその多数党が、自分のことだけを考えて、国民のことなどはどうでもいい、憲法などはどうでもいいと考えるような政党だったとしたなら、その多数党の数の力で、憲法がやぶられるということにもなりかねないわけだ。もしも、それに反対の政党が、この法律は憲法に反する、また国民のためにも悪い法律だからつくるべきじゃない、と主張しても、そして、この考えの方が正しかったとしても、数が少ないばかりに負けてしまうということになるのだからね。そして、その結果、憲法を守り、国民の幸福を守るという役目をもっているはずの国会が、かえって憲法をやぶり、国民の幸福を害することにもなってしまうのだからね。

こういうふうに考えると、君たちも多数決というやり方も、完全なしくみだとはいえないのだなということに気がつくだろう。たしかに多数決というしくみには、こういう悪い面がある。このことはわすれてはいけない。つまり多数決というしくみは完全なもので、このやりかたをしさえすればよいのだ、というように簡単に考えてはいけない。

つまり、こういうわけだ。多数決というしくみには、なるほど今いったような悪いこともある。また、多くのひとが考えていることが絶対に正しいというわけではなく、少ない数のひとびとが考えていることの方が、ほんとうは正しいということもあるかもしれない。君たちも知っているように、むかし、ガレリー[注14]というひとは、地球がまわっているということを主張した。しかしそれまでは地球は動いてはいないという考えの方が強く、だれも地球はまわっているなどと考えてはいなかった。そこでガレリーは、世の中のひとびとをまよわす者だということで、非常な迫害をうけた。しかしかれは、それに屈しなかった。そして今ではだれでも、地球はまわっているということに反対はしない。つまりガレリーは、たったひとりで主張したのだけれど、けっ

注14　イタリアの科学者ガリレオ・ガリレイ（一五六四～一六四二年）のこと。

きょくは、かれの言うことの方が正しかったのだ。このように考えると多数決というやり方も、絶対に正しいやり方だとはいえなくなる。

しかし、この多数決のやりかたをしないとすれば、ほかにどんなやりかたがあるだろうと考えてみると、ほかにはよい方法はみつからない。前にも言ったように、ひとつのやりかたは、むかしの専制政治のときのように、だれかひとりの言うことが絶対に正しいとして、そのひとの言うとおりにきめるというやりかただ。しかし、もちろんこのやりかたは正しくない。もうひとつのやりかたは、これもさっき言ったように、全員一致できめるというやりかただ。しかし、このやりかたをすれば、いつまでたっても結論が出てこないで、法律でも何でも何ひとつきめることができないことになる。そこでこの多数決というやりかたがとられるようになってきたのだ。つまり、多数決というやりかたは、これ以外には方法がないということで、おこなわれるようになったものなのだ。

だから、多数決というやりかたは、一言でいえば、数の多い方が勝つというやりかたなのだが、その場あいには、その多数の意見にたいしては反対の少数の意見があるのだということ、そして、その少数の意見の方が、あるいは正しいことがあるかも知れないのだということを、わすれてはいけない。どっちがほんとうに正しいのかは、神様でなければわからないのかも知れない。しかし、いつまでも議論をしていたのでは結論が出ないし、全員一致ということもできない。そこで、しかたがないから数の多い方できめようというのが、多数決というやりかたなのだ。だから、数が多くさえあれば、その意見が正しいのだというわけではないのだ。つまり、最後には、しかたがないから数できめるけれども、それはあくまで最後の手段であって決《けつ》をとるまでのあいだには、両方の意見を十分に戦わせて、少数の方の意見にも正しいと思う点があれば多数の方もそれを尊重してとり入れ、結論を少しでもみんなの満ぞくできるようなものに近づけ、少数の方からの反対を少しでも少なくするということを心がけなければならない。そして、そういう努力をしても、しかし両方ともが、この点だけはどうしても意見を変えるわけにはいかぬと言って、どうしても意見が一致しないということになったときに、しかたがないから最後には数できめるというのが、多数決の正しいやりかたなのだ。このりくつは君たちにもわかるだろう。

だから、国会で法律をつくる場あいにも、多数党が、多数決できめるのだから自分の方の意見が勝つにきまっているというふうにはじめからきめてしまって、反対のある法律の案を出して、そして、少数党の反対の意見などははじめから聞こうともせずに、またろくに議論さえもしないで、数でおしきってしまうというようなことではいけないわけだ。ところが、こういうやりかたがおこなわれることがないわけではない。そして少数党の方が、そのやり方を攻撃すると、「少数党のくせになま意気を言うな。お前たちがいくらくやしがっても、こっちの方が数が多いのだ。だまっていろ。」というような態度をとることがある。

こんなふうでは、国民のあいだにあるいろいろな意見が、国会に正しくあらわれるということにはならず、それは形のうえでは民主主義にもとづいた議会政治のかっこうはしているけれども、じつは、むかしの専制政治と同じことだということになる。そして、こんなぐあいで、いろいろな法律がつくられ、そのなかには憲法できめてあることに反するようなことや、憲法の規定には反していなくても、憲法の理想には反するような法律がつくられることにもなる。憲法が、こんなぐあいにしてやぶられることがあるわけだ。

またこんなぐあいに、多数決というやりかたが悪用されるとすれば、その結果つくられる法律が憲法に反するものであるかどうかとは関係なく、こういう国会のやりかたが、正しい民主主義を定めている憲法をやぶっているものだということになる。つまり、民主主義の政治を定めたはずの憲法が、むかしのような専制政治家によってではなく、おもて向きは国民の代表だという形をとっている多数党によってやぶられてしまうということになる。ここのところを、君たちもよくおぼえていてくれたまえ。

今の日本の憲法でもそうだが、民主主義の政治、議会政治は、政党というものがなければ動かない。政党が国民のいろいろの意見を代表して、選挙のときにそれぞれ自分の政党の意見を国民に明らかにして、そして国民の投票をたくさんえて、たくさんの議員を国会に送ろうとする。その結果、一番多くの数をしめた政党、つまり多数党は、だから、国民のなかの一番たくさんの意見を代表しているということになる。そこでその政党の考えで国会が法律をつくったり、内閣総理大臣をその政党からえらん

国会に代表を送る政治

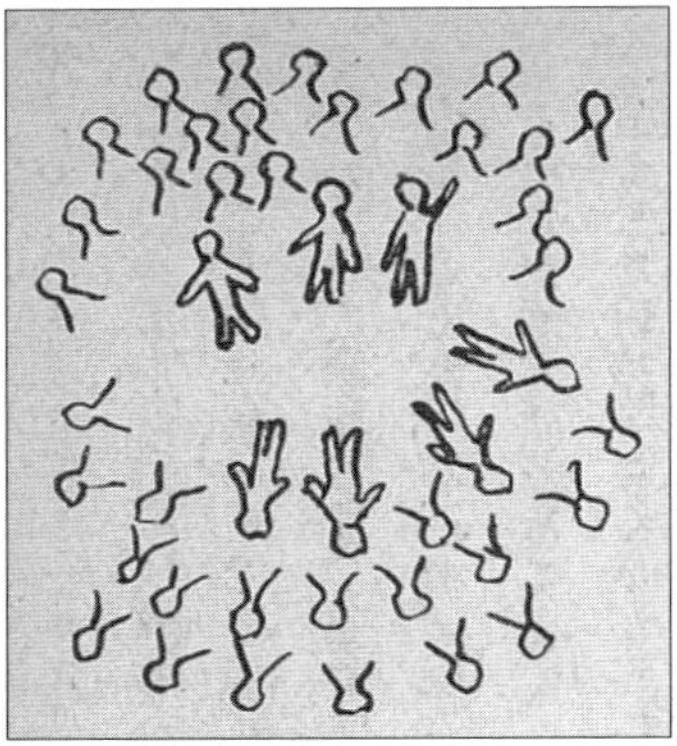

広場で話し合った

だりする。つまり、今の民主主義の政治は政党の政治だと言ってもよいわけだ。しかし、そこにはいままで話してきたような悪い面もあるのだ。

つまり政党は、自分の考えていることを実現しようとするためには、一票でも多く、つまりひとりでも多くの議員をもちたいと考える。たとえば、大きな政党が二つしかなくて、議会には三つも四つも政党はないというような場あいには、多い方の政党が何ごとでも思うようにできることになる。これを二大政党の分立というのだが、この二大政党分立のもとでは、国の政治がはっきりしてくるという長所があるけれども、いままで話してきたように、多数決というやりかたが悪用され、じっさいは専制政治と同じような結果になるおそれもあるわけだ。だから、こういう二大政党分立の国では、さっき話したように、この二つの政党が、おたがいに反対党を尊重して、むりやりに数だけでおしきってしまうというようなことをしないという態度が、いっそう必要だということになる。たとえばイギリスでは保守党と労働党、アメリカでは共和党と民主党というように、イギリスとアメリカでは、この二大政党分立のやりかたがずっと長くおこなわれているけれども、イギリスやアメリカが専制政治にならないで、民主主義の政治が守られているのは、これらの政党がいま話したような正しい多数決のやりかたをよく知っている結果だといえるわけだ。

これに反して、たとえばフランスなどは、今でも、たくさんの政党に分かれている国だ。そして今の日本でも、君たちも知っているように、大きい政党だけでも民主党、自由党、左派社会党、右派社会党という四つの政党がある。[注15] このようなのを小党分立という。この小党分立のところでは、国の政治はあまりうまくいかない。つまり国会

注15　民主党、自由党は九五ページの注参照。左派社会党、右派社会党は一九五五年一〇月に統一して社会党となった。

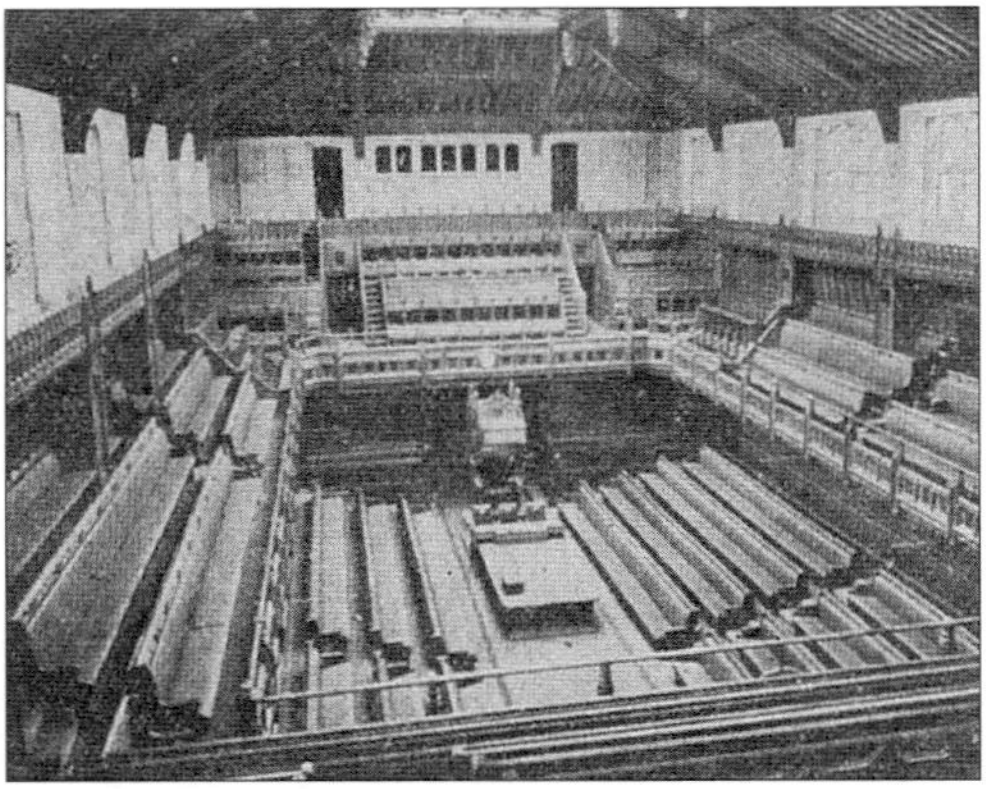
イギリスの議会は向かいあっている

のなかに、三つも四つも小さな政党が分かれていると、そのなかでは一番数の多い政党であっても、自分だけでやっていくことができなくなり、また何か問題があるたびに、ひとつの政党があっちについたり、こっちについたりすると、そのたびごとに国会がごたごたして、国の政治を力強くやっていくということができないからだ。

今の日本の政党を例にとって話してみようか。このあいだ、昭和三〇年二月の衆議院議員の選挙での結果、今の衆議院で四つの政党が、どれだけの議員をもっているかというと、衆議院の議員の数はぜんぶで四六七人なのだが、民主党が一八五、自由党が一一四、左派社会党が八九、右派社会党が六七、そのほかが一二ということになっている。つまり民主党が第一党なのだが、一八五人しかいないから、民主党だけでは衆議院の過半数をとることができない。だから法律をつくるにしても、ほかのことをするにしても、民主党だけではできない。たとえば自由党の助けをえなければならないということになる。二つの社会党にしてもそうだ。二つの社会党だけでは両方が一つになっても、ある法律をつくることはできない。

そこで、こういうぐあいだと、どれか一つの政党が、どっちがわにつくかということで、国の政治がきまるということになる。そうなってくると、どの政党も、ほかのどれかの政党を自分の方にひきよせることに一生けんめいになるということになる。そして、その目的のために、いろいろ悪い手段がとられるということにもなりやすい。たとえば、自分の方につきそうだと思う議員に、たくさんのお金をやったり、あるいは何かそのひとの利益になるような約束をして、自分の方にひきよせたり、または自分の政党にうつらせたりするというようなことがおこなわれることもないではない。そのようにして、自分の政党をひとりでも多くして、過半数をえようとする。

こういうやりかたが悪い、きたないやりかただということは、君たちにもわかるだろう。ちょうど君たちのクラスで、何人かの委員があるとして、その委員が何かのことについて二つに分れているという場あいに、一方の委員たちが、他方の委員にお金

昔は税金をおさめている男だけが選挙したが、今は20才以上の国民全部ができる。注16

をやったりなどして、自分のみかたにしようとしたとしたなら、君たちはそういうやりかたをゆるしておきはしないだろう。それと同じことだ。もしこんなやりかたで、多数をしめた政党が、多数党になって、多数決で何でもきめてしまうというようなことがあるとしたなら、それは憲法が理想としている民主主義の政治をやぶるものだということは明らかだ。しかも、そういうやりかたで、もしも憲法に反するような法律がつくられるというようなことがあったとしたなら、それはまったく憲法をふみにじるものだといわなければならない。

さて、今までずっと多数決ということについて話してきた。またそのなかで、政党ということや選挙ということについても話してきた。ところで、この選挙というものはひとつの多数決なのだ。このことは君たちもよく知っているだろう。君たちがクラスの委員を選挙するときにも、クラスの全員が投票をして、たくさんの投票をえたひとが、その上からの順番で委員になる。

これは今の日本の衆議院や参議院の議員の選挙の場あいでも同じことだ。だから選挙というものも、投票の数が多いものが勝つ。つまり多数決なわけだ。議員の候補者が演説会なり放送なりで、それぞれ自分の意見をのべる。そして君たちのおとうさんや、おかあさんや、おにいさんのように、選挙をする権利を持っているひとびとが、それをよく聞いて、またその候補者の人がらなどもよくしらべて、このひとなら自分の代表として、国会に出て行ってはたらいてもらいたいりっぱなひとだというように思ったなら、そのひとに投票をする。そして、その投票の数が多い候補者が、きまっ

注16　現在は一八歳以上の国民が投票できる。

た数だけ当選するというわけだ。

これらの候補者は、それぞれどれかの政党から出ているのがふつうだから、前に話したように、どの政党も自分の政党から、ひとりでも多くの候補者を当選させようとして一生けんめいになるわけだ。だから、こういう選挙が、議会政治や民主主義の政治のうえに、とてもたいせつなものだということになる。

つまり、よい議員をえらぶということ、前に話したように、憲法をふみにじるようなことをしない議員をえらぶということ、正しい選挙をするということが、民主主義の政治を実現するためにも、憲法を守るためにも、とてもだいじなことなのだ。

ところが、この選挙の場あいにも、さっき話したと同じような多数決の悪用がおこなわれることがある。つまり候補者は一票でも多く投票をえて議員になろうとする。また政党も、ひとりでも多く当選させて多数党になろうとする。そこで選挙の場あいに、いろいろ悪いことがおこなわれることにもなる。たとえば、選挙権を持っているひとにお金をやって、そのかわりに自分に投票してくれとたのむことがある。また、お金をやらなくても自分がもし当選したら、こういうようなことをしてやるから、自分に投票してくれとたのむことがある。

こういうようなことをして投票を集めることは悪いことだということは、君たちにもよくわかるだろう。だから、候補者はこういうようなことをしてはならないということが、選挙についてのいろいろのことを定めた法律、つまり選挙法という法律ではっきり定められているのだ。君たちも新聞などで、選挙のたびごとに、たくさんの候補者が選挙法に反するような悪いことをして、つかまえられたということを見たことがあるだろう。こういうような不正なやりかたで選挙がおこなわれるとすれば、それはやはり、憲法の定めている民主主義の理想をふみにじることになる。

国会議員の選挙というのは、国民がほんとうに信頼できる議員をえらび、そして、その議員で組み立てられる国会に、自分たちに代わって国の政治をあずけるというための制度だ。だから選挙のときに、候補者がえる投票は、その候補者の意見や人がらにたいして、どれだけの選挙権者が信頼したか、ということをあらわすしるしでなければならない。だから候補者も政党も、お金やそのほかの利益で投票を集めるというのではなく、正々堂々としたやりかたで勝利を争わなければならない。

ちょうど君たちが野球の試合などをするときに、正々堂々と戦わなければならないのと同じだ。もし君たちが正々堂々と戦わずに、何かひきょうな、悪いやりかたで試合をしたとしたら、その結果、もし君たちのチームが勝ったとしても、それははずかしいことだね。選挙もそれと同じことだ。

ところが、さっきも言ったように、ほとんどいつの選挙のときも、相当にたくさんの候補者が、ひきょうな、悪いやりかたをしているのだ。もちろん正々堂々と戦って当選をする議員もたくさんいる。しかし、もしもひとりでも、選挙法でしてはならないと定められているようなことをする候補者がいるとすれば、それはやはり国会がほんとうに国民の代表として国の政治の中心となって、国民のためにはたらいてくれるのだという信頼に値しないことになる。そういう国会なら、やはりそれは憲法の理想をやぶっているのだということになるわけだ。

3　憲法を守るのはだれの仕事だろう

いままで、国会が憲法に反するような法律をつくったり、議員や政党が憲法に反するようなことをしたりして、憲法がやぶられることがあるということを話してきた。内閣が憲法に反するような命令を出したり、大臣や、いろいろの役所の公務員が、憲法に反するようなことをするということもないではない。つまり国民が憲法を守って正しい政治をしてくれるだろうと信頼した国会や、内閣や、これらのひとびとが、かえって憲法をやぶることがあるということだ。

それならいったい、そんな場あいにはどうしてそれをなおさせて、憲法がやぶられるのをふせぐことができるだろう。その役わりを持っているものの一つは裁判所だ。君たちは裁判所というものを知っているだろう。裁判所というのは裁判をするところだが、それなら裁判というのはどういうことだろう。

君たちのクラスの友だちのあいだでも、時には、ひょっとしたことがもとになって、

裁判中の最高裁判所　注17

なぐり合いをしたり、争ったりすることがあるだろう。そして両方とも、向こうが悪いのだと言ってがんばることがあるだろう。そういうときに、それをそのままにしておくと、おたがいにいつまでも気持が晴れないで不ゆかいになるし、それまで、せっかくみんななかよくしてきたクラスの生活が、そのごたごたのために、それから後は楽しくなくなってしまう。だから、そういう争いは早く解決をして、クラスの平和をとりもどさなくてはならない。

そこでそういう場あいには、先生がどんなことがもとになって、そのけんかが起こったのかをよくしらべ、またけんかの両方の言い分を正しく聞き、これはこっちが悪いときめて、その悪い方を罰したり、べんしょうをさせたりすることになる。そして、そういうふうに先生がよくしらべて、正しいさばきをすれば、けんかをした両方もそれからクラスのほかの全員も、なるほどそのとおりだと納得《なっとく》をして、それによってクラスの平和がとりもどされることになる。こういうさばきが裁判なのだ。裁判所というのは、こういう仕事をするところなのだ。

君たちのクラスでも、学校でも、どんな社会でも、みんながなかよく、規則を守り、規則にそむくようなひとがひとりもいないというのが理想だ。しかし、じっさいには、人間の社会にはいろいろな争いがあり、またひとをころしたり、ひとの物をぬすんだり、ひとをだましたり、いろいろ悪いことがおこなわれている。そういうひとは悪いひとだ。だけど、そうだからといって、むかしのように、いきなりそのひとをつかまえて、ろくにくわしくしらべもしないで死刑にしてしまったり、監獄《かんごく》に入れてし

クラスの平和のための話し合い

注17　この本が刊行された当時の最高裁判所のようす。現在の最高裁庁舎は一九七四年完成。

まったりすることもよくない。そこでそういう場あいに、ちょうどさっき話した先生のように、よくそのできごとをしらべ、だれでもなるほどと思うようなさばきをつけて、社会の規則を守るのが裁判所の仕事なのだ。つまり裁判所というのは、国の規則、つまり法律や命令などが、正しくおこなわれるように守るところなわけだ。

そして、そういう法律や命令は、ずっと前に話したように、一番もとになる憲法のもとにあるものなのだから、けっきょく裁判所は、憲法が守られるように番をしているところだということになる。だから、たとえばさっき話したように、議員や政党が憲法に反するようなことをしたり、国会が憲法に反するような法律をつくったりしたなら、裁判所が公正に、それをしらべて、罰したり、その法律は憲法に反する法律だから国民に従わせる力は持っていないということをきめることができる。そういう意味で、裁判所や裁判官は憲法の番人だといわれているわけだ。

しかし君たち、憲法の番人の仕事を、ただ裁判所にだけまかせておいていいだろうか。君たちのクラスのなかで、何か争いが起こっても先生がきめてくれるといって、ほうっておいたり、または、先生がきめてくれるのだから何をしたってかまわないんだ、などと言ってはいけないね。つまり、一番だいじなのは、先生が裁判をしてくれる、ということじゃなくて、はじめからそんな争いを起こさないようにするということだ。このりくつはわかるだろう。それと同じに、国の規則、憲法を守るということのためにも、りっぱな裁判所をつくっておくというだけではなくて、国民のぜんぶが、そういう裁判所のお世話になるようなことをしないようにするということが、何よりもたいせつなことなのだ。

悪い議員や政党が、憲法をやぶることがあるわけだが、それをなくすためには、はじめから、そういう議員をえらんだり、そういう政党を多数党にしたりしないことが一番だ。また、もしそういうものによって憲法がやぶられようとしたなら、それがおこなわれない前に、国民がそれを批判し、攻撃し、国民の声でそれをふせぐようにすることが一番たいせつだということになる。裁判所も憲法の番人だし、また国会も、内閣も、議員や政党もじつはみんな憲法の番人なはずなのだが、国民はそれらの番人のそのまた番人だということになる。国民がしっかりと憲法を守ろうとし、国会やそのほかのものが憲法をやぶりそうになるのをふせぐということが、一番たいせつだというわけだ。そういう意味で、最後に憲法を守るのは国民の仕事だということになる。

それならば、どういうふうにすれば国民が憲法の番人になることができるだろう。またクラスの話をしよう。クラスの規則は、みんなの幸福のためのものだ。それはみんながつくったものだ。だから、それを守るのはみんなの仕事だ。そして、それをつくったときの気持で、その規則が動かされていかなければならない。つまり、それをつくったときと同じ気持を、みんながいつも持っており、そしてさらに、その気持を、つくったときよりももっと、強めるということが、その規則を守るということになるわけだね。だから、規則をやぶるものができたときには、それを守るのは、その規則をつくったみんなのわけだ。そして、その規則をつくったときの気持を思いおこして、それを守らなければならないわけだ。つまり、規則をやぶろうとする者の行動を批判し、もしも、それがクラスの委員であったとすれば、その委員をやめさせる。そういうことで規則が守られる。

憲法の場あいも、これと同じだ。憲法をつくったのは国民だ。だから、憲法を守るのも国民の仕事だ。国会や、内閣や、大臣や、議員が、憲法をやぶろうとする場あいには、それをふせぐのは憲法をつくった国民なのだ。ちょうど君たちのクラスの場あいにも、規則を守らなければならない役目を持っている委員が、かえって規則をやぶることがあるように、憲法も、その憲法を一番守らなければならないはずの国会や、議員や、内閣の大臣が、かえってぎゃくに憲法をやぶろうとすることがある。そういう場あいに、それをふせいで憲法を守るのは、憲法をつくった国民なのだ。

議員が憲法をやぶろうとしたならば、選挙のときに、そういう代議士を出さないようにすることができる。そういう代議士は選挙のときに、前に話したように、お金の力やそのほかの不正なやりかたで、また当選しようと努力するだろうけれども、そういうやりかたに負けてはならない。また、内閣が憲法をやぶろうとするなら、国民の世論で、その内閣をたおすように努力することもできる。たくさんの国民の声が、大きな世論の力となって、国会や内閣を責めたなら、いくら力の強い政党でも内閣でも、それを知らない顔をしてがんばりとおすということはできない。

平和憲法を守るためおかあさんたちも立ち上がった

ただ、憲法も、前に話したように不完全なところがあることもある。世の中のぐあいがかわってきて、前につくった憲法が社会のじっさいのありさまに合わなくなったということもないでもない。そこで、どうしても、憲法をそのままではやっていけないということになったとするならば、憲法を改正するということも、ひとつの方法だ。ただその場あいには、憲法を変えることがいいか、それとも、憲法は変えないほうがいいかということは、国会や、内閣や政党などが、かってにきめるべきことではなくて、それはやはり、その憲法をつくった国民の意見できめなければならない。そしてその場あいに、国民のすべてが、それぞれその意見をのべ合い、その意見の結果、憲法を変えるか変えないかがきめられるというふうにならなければならないわけだ。それをむりやりに、ある力の強いものが国民を動かして、憲法を変えさせようとしたり、また

国民がそれに動かされて、ろくに考えもしないで、憲法を変えることに賛成をしたりするようなことがあってはならないわけだ。

今の憲法でも、この憲法を変える場あいのことをきめている。つまり、憲法の第九六条という規定で、そのことを定めているのだが、憲法をこういうふうに変えようという案は国会できめるのだが、それは最後には国民の投票にかけ、その投票で、改正に賛成だという票が過半数であったときに、はじめて憲法を改正することができるというふうになっている。しかし、このように憲法を変える方法が定められているからといって、今のこの憲法を、どんなふうに変えてもいいということではない。

そこで、わたしが今までずっと話してきたことを思い出してくれたまえ。人間は今まで平和と民主主義と基本的人権とをうちたてるために、何千年もの長いあいだ努力をしてきた。民主主義をうちたてるために、人間の尊さというものをしっかりとうちたてるために、多くのひとびとが血を流したし、世界から戦争をなくそう、平和こそが何よりもたいせつだという考えをひとびとにもたせるようになるために、君たちの

原爆で20万人も死んだ町広島の子どもたちも、この憲法で幸福に暮せるはずだが！

おとうさんや、おにいさんや、わたしたちの知っている多くの日本人が、あの戦争で命を捨てた。また、あの原子爆弾で二十何万の人が死んだ。平和のために、あの戦争のぎせいがあったのだ。

こういうふうに考えれば、今の日本の憲法を、どんなふうに変えてもいいということにはならないということが、君たちにもわかるだろう。民主主義と、基本的人権と、そうして平和、この三つはどうしても変えてはならないことだということが、君たちにもわかっただろう。もしも、それを変えるということになったとしたならば、それは今までの人間の何千年の努力と、そしてこの間の戦争でうけた、あのわたしたち日本人の大きなぎせいがなんの意味もないということになるのだよ。

4　終わりに——憲法と君たち

憲法が君たちを守る。君たちが憲法を守る

さあ、もうそろそろ、わたしの話も終わりにしよう。いろいろなことを話してきたね。そこで最後に、こういうことを言っておきたい。よく聞いてくれたまえ。

クラスの規則は君たちの幸福のためのものだ。クラスの規則によって、君たちの幸福が守られる。しかし、その規則を守るのは君たちだ。君たちがその規則をつくったのだから、それは君たちが守らなくちゃならない。君たちがおうちに帰ってさっぱり勉強をしない、おとうさんが怒って勉強の時間割をきめる。そういう場あいと、君たちが自分で勉強をしようとして自分で時間割をきめた場あいとは、どうちがうだろう。自分できめた時間割なら、自分で責任を持って守らなくちゃいけないね。それと同じだ。

どんな社会の規則でも、それは、その社会をかたちづくっている人間の幸福のため

のものだ。そのひとびとの値うちを守るためのものだ。そして、その規則は守られなければならないというのは、その規則が、そういう尊い人間の値うちというものを定めているからなのだ。つまり、人間の値うちが尊いからこそ、その規則は守られなければならないわけだ。

憲法の場あいも同じだ。憲法が守られなければならないのは、憲法がきめていることが尊いからなのだ。憲法がきめていること、つまり、日本の国のすべてのひとびとが幸福に生活することができるように、すべてのひとびとの人間としての値うちが尊重されるように、そして、その人間の幸福や、人間のねうちが、何か強い力でむりやりにおびやかされたり、取り上げられたりしないように、こういうことを、この憲法はきめているのだ。それが尊いから、それがだいじだから、この憲法を守らなくちゃいけないのだね。

君たちは、今はまだ子どもだ。少年少女だ。この憲法をじっさい動かしているわけじゃない。しかし、この憲法は君たちを守っているものなのだ。君たちの幸福、君たちの尊さ、君たちの値うちを守っているものなのだ。そして君たちだけじゃない。君

たちのおとうさん、おかあさん、おにいさん、おねえさん、おとなりのひとたち、遠いところにいる君たちの親類、いやそれだけじゃない、この日本にいるすべてのひとびと、そういうひとびとの幸福、そういうひとびとの値うちを、この憲法は守っているものなのだ。だから、憲法は尊いのだよ。

こういう君たちの幸福が、こういう日本のすべてのひとびとの幸福が、何か強い力でおびやかされ、また強い権力者のひきずる戦争で、ふたたびふみにじられることのないようにというのが、この憲法がつくられた理由なのだよ。君たちが、ぼくたちはまだ憲法には関係がない、あたしたちが大きくなってからでなければ、憲法には関係がない、などと言ってはいけないということは、これでわかっただろう。そうだとすれば、君たちも憲法を守らなくちゃいけないということになるね。

長崎の子どもたちの願い、平和！平和！平和！

君たちは、いつまでも子どもじゃない。どんどん、どんどん大きくなる。そして大きくなったら、こんどは君たちがこの憲法を動かすことになるのだよ。そうだとすれば、そのときのおけいこを、今からやっておくことがだいじだということになるね。そのおけいこというのはなんだろう。それは憲法の尊さということを、今から知っているということだ。憲法の尊さをよく知って、そして、憲法を守るという決心を、今のうちからしているということが、それがそのおけいこなのだよ。そして憲法は君たちのまわりにある。クラスの規則も、学校の校則も、図書館の規則も、おうちのいろんな規則も、それはみんな君たちにとって、小さい憲法なのだ。そうだとすれば、それらの規則を守るということ、それらの規則が、なんのためにつくられているのか、それは君たちの幸福を守るためにつくられているのだということを、しっかり心にきざみつけているということが、君たちが大きくなってから、日本の憲法を守るための、一番のおけいこになるわけだよ。

もう一ど最後に言おう、よかったら君たちも声をあげて読んでくれたまえ。

「憲法が君たちを守る。君たちが憲法を守る。」

解説

木村草太
（首都大学東京法学系教授）

佐藤功先生について

研究者になるまで

佐藤功《さとういさお》（一九一五・三〜二〇〇六・六）は、日本国憲法の誕生と成長を見守ってきた偉大な憲法学者です。父の佐藤丑次郎《うしじろう》も憲法学者で、京都帝国大学（今の京都大学）の教授でした。一九三四年に東京帝国大学（今の東京大学）法学部に入学し、一九三七年に、大学を優秀な成績で卒業して、助手という身分で大学に残りました。

しかし、助手になってすぐに兵隊として徴集され、中国の戦地で約二年間を過ごしました。学者を目指す佐藤功にとって、基礎トレーニングを積むべき大切な時期を徴兵に奪われたのは、本当に大きな苦労だったと思います。

その後、大学に戻った佐藤功は、次々に優れた論文を発表します。

松本委員会から法制局へ

一九四五年八月、日本政府は「ポツダム宣言」を受け入れました。アメリカやイギリスなどの連合国が求めた降伏の条件をのんだということです、これにより、ようやく戦争が終わり、連合国軍総司令部（ＧＨＱ）による占領が始まりました。

ポツダム宣言は、日本政府に「民主主義の復活強化」や「基本的人権の尊重の確立」を求めています。幣原喜重郎《しではらきじゅうろう》首相は、大日本帝国憲法（明治憲法）のままでは、これらの要求を実現できないと考えました。そして、新たな憲法を作るため、松本烝治《まつもとじょうじ》を委員長とする「憲法問題調査委員会」（いわゆる松本委員会）を立ち上げます。佐藤功の師匠である宮沢俊義《みやざわとしよし》（東京帝国大学教授）が松本委員会のメンバーに選ばれたことから、佐藤功は松本委員会の補助員として活躍することになります。

松本委員会は、一九四六年一月ごろには、新たな憲法草案の内容をとりまとめましたが、その内容を知ったＧＨＱは、ポツダム宣言の求めにふさわしくないと考えました。そして、これまでの日本の憲法や、アメリカ、ドイツ、フランスなどの外国の有名な憲法、自分たちのアイデアなどを使って、日本のための憲法草案をＧＨＱが自ら作りました。一九四六年二月、GHQ草案が完成し、日本政府に手渡されました。

GHQ草案は、平和主義の理想を示していたり、基本的人権の保障や民主主義を大きく前進させたりと、いまの私たちがとても大切にしている理想や権利をしっかりと盛り込んだ内容でした。ポツダム宣言の要求にもかなっています。そこで、日本政府は、GHQ草案に沿って、新しい憲法を作ることにしました。

もっとも、GHQ草案には、日本人から見て使いにくい条文があったり、ぜひとも入れてほしいと思う内容が入っていなかったりもしました。例えば、GHQ草案には、「参議院」の制度は入っていませんでした。英語で書かれたGHQ草案をそのまま日本語に翻訳《ほんやく》しただけでは、とても日本の憲法にすることはできません。

そこで、内閣法制局（内閣の下で法案や法制について審査・調査する機関）が中心になって、GHQ草案を日本に合うように整えることになりました。このとき、佐藤功は、法制局長官・入江俊郎《いりえとしお》に依頼され、説明資料を作ったり、外国憲法の事情を調べたりと、憲法改正草案作りに力を尽《つ》くしました。

こうして、一九四六年四月、憲法改正草案が完成し、六月、帝国議会に提出されました。帝国議会には、衆議院と貴族院があり、両院で可決されることが必要でした。衆議院議員選挙では、日本で初めて女性の選挙権が認められ、女性議員も誕生しています。衆議院議員の皆さんは、国の重大事ですから、次から次へと厳しい質問をします。また、貴族院議員に任命された東京帝国大学や京都帝国大学の教授たちは、法学の専門家として、とても難しい質問をします。憲法改正担当の金森徳次郎《かなもりとくじろう》大臣は、そうした質問にすべて答えなければならないのですから、大変な苦労のあったことでしょう。佐藤功は、金森大臣の秘書官として同行し、大臣の仕事を支えました。

帝国議会でいくつか修正が加えられ、一〇月に議会を通過しました。そして、新しい憲法は、「日本国憲法」と題されて一一月三日に公布され、翌年一九四七年五月三日（憲法記念日）から、効力を持つことになりました。佐藤功は、日本国憲法の誕生を、その現場で見守っていたのです。

暗いろうそくのもとで

ときどき、「日本国憲法は、ＧＨＱの押しつけで、ＧＨＱ草案を日本語に訳したものがそのまま憲法になったものだ」と誤解している人がいます。確かに、日本国憲法は、ＧＨＱ草案が原案になっています。

しかし、日本国憲法は、佐藤功を含む当時の政治家や役人たちが、日本のために良い憲法を作ろうと大変な努力をしてできたものです。当時は、資料を作るのも、外国のことを調べるのも、本当に大変でした。佐藤は、当時を振り返り、こう言っています。

日本の敗戦という形で終わったあの戦争直後の時期、あのときのわれわれ日本人の生活条件はそれこそ最低でありました。私はいまでもあの当時、夜、電灯が消えてしまって、短い、そして暗いろうそくのもとでペーパーを書いた、そういう記憶をいまでも呼び起こすことができます。しかしそれにもかかわらず当時の私は、新しい憲法の精神や原則によって鼓舞《こぶ》され、そして非常にやりがいを感じたということをいまでも感じております。（佐藤功「憲法改正問題をめぐって」成蹊大学政治経済論叢一三巻二号一二五頁、一九六三年）

原案をGHQが作成したことだけにとらわれ、政治家や役人の努力・思い、さらには新たな憲法の制定について議論すべき国会議員を選挙によって選んだ国民の思い、それらをすべて無視して、「日本国憲法は押しつけ憲法だ」などというのは、当時の日本人への侮辱《ぶじょく》でしょう。佐藤は、押しつけ憲法論を聞かされるのは「決して愉快ではない」と、率直に言っています。（前掲「憲法改正問題をめぐって」一二六頁）

憲法の成長を支えた憲法学者

佐藤功は、政府関係者からの強い要望もあり、憲法制定後もしばらく役所で働きましたが、本人は大学で研究を続けることを望んでいました。一九四九年四月、成蹊《せいけい》大学教授となり、その後、上智大学、東海大学の教授もつとめます。大学教授となってからの佐藤は、質量ともに驚くべき研究を積み上げていきます。

例えば、一九五五年に刊行された『憲法（ポケット註釈《ちゅうしゃく》全書）』は、日本国憲法の条文を一つ一つ解説する専門書ですが、六〇年たった今でも憲法学者や裁判官・弁護士などの専門家が、「この条文って何を言っているんだろう？」と思ったときに、最初に開く本の一つです。佐藤は、政府の中で働いたこともあるので、政府の都合《つごう》も十分理解しています。他方で、学者としての緻密《ちみつ》な研究による裏付けもしっかりしています。佐藤功の業績は、「憲法解釈学《かいしゃく》」という分野で、重要な基盤の一つとなっています。

また、佐藤功は、日本国憲法が作られる過程で、政府の重要なメンバーとしてかかわっていましたから、日本国憲法が作られたいきさつに関する論文もたくさん書いています。これらは、「憲法制定史」という歴史的観点からも、とても重要な業績となっています。

さらに佐藤功は、君主制と天皇、自衛隊と憲法九条、公務員と行政組織のあり方、政党の憲法上の位置づけなど、様々なテーマについて論文を書きました。それら「憲法理論」に関する論文は、いまの行政実務にも、憲法研究にも大きな影響を与えています。

多くの憲法学者に尊敬された佐藤功は、権威ある学会の理事長などを次々につとめ、二〇〇六年六月一七日、九一歳で亡くなりました。

佐藤功の業績は、政治家や役人などの実務家にも、憲法学者にも大きな影響を与え、今の実務や学問のかけがえのない基盤の一部となっています。佐藤は、憲法の生みの親としてだけでなく、育ての親としても重要な人物です。（佐藤功の詳しい経歴と業績については、高見勝利《たかみかつとし》「追悼《ついとう》　佐藤功先生」ジュリスト一三二五号を参照してください）

『憲法と君たち』について

一九五五年という時代

『憲法と君たち』が発表された一九五五年は、改憲派と護憲派が激しく対立し、憲法をめぐる緊張関係が高まっていた時代でした。

敗戦により日本は連合国による占領下におかれ、占領が終わったのは、サンフランシスコ講和条約が発効した一九五二年です。そのころの日本では、日本国憲法についての考え方が二つに分かれていました。

一方は、日本国憲法はアメリカから押しつけられたもので、日本人が望んだものではないから、自分たちの手で新しい憲法を作ろう、という改憲派です。彼らが、人権や民主主義といった憲法の理想をよく理解したうえで、より良い改憲提案をしていたのであれば、多くの国民の賛成で、憲法を改正できたかもしれません。しかし、改憲派の主張は、「自分たちで新しい憲法を作ろう」という未来志向ではなく、「昔はよかった」という復古《ふっこ》主義に基づき、人権を制限したり、政府の権限を拡大して、民主主義を制限しようとしたりするものでした。

そこで、改憲派に対抗して、憲法を守ろうという護憲派のグループが作られました。護憲派は、憲法を作ったのがだれであれ、日本国憲法の定める自由や平等、平和主義や民主主義といった理念は、だれもが大事にしなければいけない人類共通の価値を備えたものだし、この憲法は国民に広く受け入れられているのだから、憲法を変えるべきではない、と主張しました。

だれが憲法を守るのか?

佐藤功は、憲法の制定に深くかかわっていましたし、憲法学者として、憲法がなぜ大事なのかを知り尽くしていました。ですから、押しつけ憲法論の粗雑《そざつ》さや、復古主義的な改憲派の主張に、危機感を持っていたはずです。そんな中で書かれたのが、この『憲法と君たち』でした。

この本は、なぜ議会政治が大事なのか、人権がいかに尊いかなど、憲法の本当に大事なところを、やさしく丁寧《ていねい》に教えてくれます。その語り口からは、憲法の理想や知識は一部の専門家だけが分かっていればよいというものではなく、子どもたちを含めて、国民みんなが知らなければならないのだ、という強い思いが伝わってきます。佐藤功は、なぜ、そう考えたのでしょうか。

佐藤は、「憲法保障」と呼ばれる分野の専門家でした。憲法保障とは、憲法が破られようとしたとき、それを押しとどめ、憲法を守らせることを言います。ふつうの法律なら、それを破る人に対しては、警察官や裁判官といった「権力者」が強制的に法律を守らせます。しかし、憲法は、警察官や裁判官、政治家や国王といった権力者自身を縛《しば》るものです。権力者自身が憲法を破ろうとするとき、権力を使って憲法を強制的に守らせることはできません。では、だれが権力者に憲法を守らせるのでしょうか。

この本を読んできた人であれば、よく分かっているでしょう。それは、「君たち」だというのが、佐藤功の考え方です。憲法を破る権力者が現れたら、国民一人ひとりが声をあげ、世論を作り、選挙を通じて権力を奪い返さなければならないのです。「そんな面倒《めんどう》くさいことはしたくない」と思った人もいるでしょう。でも、佐藤功は、こう言います。

人間は今まで平和と民主主義と基本的人権とをうちたてるために、何千年ものの長いあいだ努力をしてきた。民主主義をうちたてるために、人間の尊さというものをしっかりとうちたてるために、多くのひとびとが血を流したし、世界から戦争をなくそう、平和こそが何よりもたいせつだという考えをひとびとにもたせるようになるために、君たちのおとうさんや、おにいさんや、わたしたちの知っている多くの日本人が、あの戦争で命を捨てた。（第四章3　憲法を守るのはだれの仕事だろう）

今の憲法は、多くの人々の尊い犠牲《ぎせい》の上にある。だからこそ、「君たち」も頑張《がんば》らなくてはならない、ということです。

佐藤功は、この本の最初に「憲法が君たちを守る。君たちが憲法を守る。」という言葉を掲《かか》げ、最後も、この言葉で締《し》めくくっています。これは、憲法保障というテーマを考えに考え抜いた大憲法学者としての結論です。

もう一度、暗いろうそくのもとで

この本が書かれてから六〇年が経ったいま、憲法は、新たな困難にぶつかっていきます。それは、憲法の大切さを訴える言葉がどこか上滑《うわすべ》りして感じられる、という困難です。

六〇年前に比べれば、平和主義や人権尊重、民主主義といった憲法の理念は、深く広く定着しました。領土獲得のために戦争をしようとか、国家の都合に合わせて国民の自由を制限できるようにしましょうなどと本気で考えている人には、そうそう出合わないでしょう。

そんな「いま」を生きる人たちからすれば、「憲法は大切だ」とか、「人権と民主主義を大切にしましょう」と言われたところで、何のためにそんなことを言っているのか実感を持てません。場合によっては、偉《えら》そうなお説教に見え、「憲法なんてうんざりだ」という反発を生むことすらあるでしょう。

そういう反発を持つ気持ちはよく分かります。しかし、「国家権力は二度と国民を裏切らない」と高《たか》をくくるのは、とても危険です。忘れたころに過《あやま》ちを繰《く》り返すのが人間なのです。日本国憲法は多くの犠牲の上にようやく獲得《かくとく》されました。その事実を軽く見てはいけません。一九五五年を生きた人々にとって、憲法を守らなければ、軍部の暴走によりまたあの悲惨《ひさん》な戦争を繰り返すかもしれない、自分たちの自由が奪われるかもしれない、という危機感は身近なものでした。そして、その危機感は、いまも他人ごとではありません。

『憲法と君たち』という本を読むときには、佐藤功は何と戦うためにこの本を書いたのかを想像してみてください。そして、佐藤功が、暗いろうそくの中で必死になって資料を作ったときのことを思い浮かべてください。

「憲法が君たちを守る。君たちが憲法を守る。」という言葉は、佐藤功が暗いろうそくの中で紡《つむ》ぎだした輝《かがや》きです。その輝きに気づいたならば、先人たちが未来の私たちのために残してくれた日本国憲法とは何なのかも、きっと見えてくることでしょう。

【きむら・そうた】一九八〇年、横浜市生まれ。東京大学法学部卒業、同助手を経て、現在、首都大学東京法学系教授。憲法学専攻。主な著書に、『憲法の急所』（羽鳥書店）、『憲法の創造力』（ＮＨＫ出版新書）、『テレビが伝えない憲法の話』（ＰＨＰ新書）、『憲法という希望』（講談社現代新書）。共著に『未完の憲法』（奥平康弘氏との共著、潮出版社）など。

【著者紹介】

佐藤　功（さとう・いさお）

1915年3月29日～2006年6月17日。京都市出身。東京帝国大学法学部で憲法学を学び、同学部助手。兵役で2年間にわたり中国北部を転戦した後、研究生活に復帰。戦後は、政府の設置した憲法問題調査委員会の補助員や内閣法制局参事官として、日本国憲法の制定作業を支えた。その後、行政管理庁勤務を経て、成蹊大学、上智大学、東海大学の教授を歴任。上智大学名誉教授。文化功労者。
主な著書に、『憲法（ポケット註釈全書）』（有斐閣）、『君主制の研究』（日本評論新社）、『行政組織法』（有斐閣）、『日本国憲法概説』（学陽書房）、『比較政治制度』（東京大学出版会）など。

復刻新装版《ふっこくしんそうばん》　憲法《けんぽう》と君《きみ》たち

2016年10月20日　初版発行
2016年11月11日　第４刷発行

著　者：佐藤　功
発行者：松永　努
発行所：株式会社時事通信出版局
発　売：株式会社時事通信社
〒104-8178　東京都中央区銀座 5-15-8
電話 03(5565)2155　http://book.jiji.com

印刷／製本　株式会社太平印刷社

ISBN978-4-7887-1491-5 C0031　　Printed in Japan